「老年幸福学」研究が教える

60歳から幸せが続く人の共通点

前野隆司
菅原育子

青春新書
INTELLIGENCE

はじめに

近年、高齢者に関するさまざまな情報――本や雑誌、ネット記事など――を見るようになりました。日本で65歳以上の人が占める割合は29％となっており、今や人口の3割が高齢者です（総務省人口推計。2022年10月1日時点）。高齢者の数が増えたことで、その存在がクローズアップされるようになったといえるでしょう。

社会における高齢者の位置づけも大きく変わりました。平均寿命が60代だった時代は、55歳や60歳で退職すると、その後の人生は文字通り「余生」でした。しかし、人生100年といわれる近年では、定年退職後の人生が30年以上も続きます。

加えて、技術の進歩や価値観の変化など、私たちを取り巻く社会環境は複雑化しています。高齢者向けの情報が広く求められているのも、どうすれば残された人生を幸せに生きることができるのか、迷っている方が多いからなのかもしれません。

もっとも、本やネットなどの情報の多くは、老後の資金はいくら必要か、終活はどのように行えばいいのかといった表面的な内容に終始しがちで、むしろ高齢者の不安をあおる結果になっているようにも思います。そこで私たちは、単なる印象や憶測に頼るのではなく、科学的なデータをもとに、年齢を重ねながらも幸せを育める方法を紹介したいと考えました。

この本では、「どうすれば60歳からも幸せな生活を続けることができるのか」をテーマに、人間関係、お金、仕事、生きがい、健康などの切り口から、「老年学」と「幸福学」におけるさまざまなデータをもとに、そのヒントを解説しています。

タイトルに用いた「老年幸福学」という用語は、ちょっと耳慣れない言葉かもしれません。これは、「幸福学」を専門とする前野隆司と「老年学」の研究者である菅原育子が、お互いの知見を踏まえつつ議論を重ねる過程で生まれた造語であり、この本ではじめて世に出る言葉です。

本書では、これまであまり知られていなかった意外な事実も紹介しています。「幸福感」が高齢者の健康や寿命に深く関わっていること、人のためにお金を使うと自分も幸せになること、健康寿命を超えても幸せな老後を過ごせることなどは、そのほんの一例です。本のなかでは、そうした「幸せに生きるコツ」に加えて、幸福度を高めるための具体的な実践ヒントも紹介しました。

本書が、高齢者と呼ばれる世代の方はもちろん、もうすぐ高齢者の仲間入りをする方、高齢の家族を持つ方など、多くの方々のために役立つことを願ってやみません。

『「老年幸福学」研究が教える　60歳から幸せが続く人の共通点』　目次

1章 「つながり」が多いほど幸せ
「人間関係」の老年幸福学

2章 お金の「多さ」より「使い方」が幸せの分かれ道

「お金」の老年幸福学

3章

「人のため」が「自分のため」になる生き方

「やりがい、生きがい」の老年幸福学

4章

「幸せ」を感じていると「体」も変わる
「健康、長寿」の老年幸福学

5章

60歳からの人生を「幸せの上り坂」に変える方法

老年幸福学の実践ヒント

本文デザイン…青木佐和子
編集協力………二村高史

序章

年齢を重ねるほど、人は幸せになっていく

「老年幸福学」でわかった意外な共通点

人生の幸福度は60歳から高まっていく

「年はとりたくない」という人がよくいます。確かに、年齢を重ねるにつれて体力や認知機能が衰え、皮膚の水分量は低下していきます。

メディアの報道を見ると、高齢者に関するネガティブな記事が多いために、「高齢者は不幸に違いない」と思い込んでいる現役世代の方は少なくないかもしれません。

しかし、高齢者は本当に不幸なのでしょうか？

実は、科学的な見地をもとにした研究によると、必ずしもそうではないという事実が浮かび上がってきています。

その1つが、年齢と幸せの関係を表したカーブです（図表1）。これは、心理学者が行ったアンケート調査をもとに、年齢と主観的な幸福感の平均値をグラフにしたものです。

横軸に年齢、縦軸に幸福度を取ってグラフを描いてみると、図のように真ん中が底になる「U字カーブ」を描くことがわかります。10代から20代前半くらいの若いときは幸福度が高いのですが、そこから徐々に下がっていき、40～50代が一番低くなります。この年代

（図表1）年齢と幸福度の関係

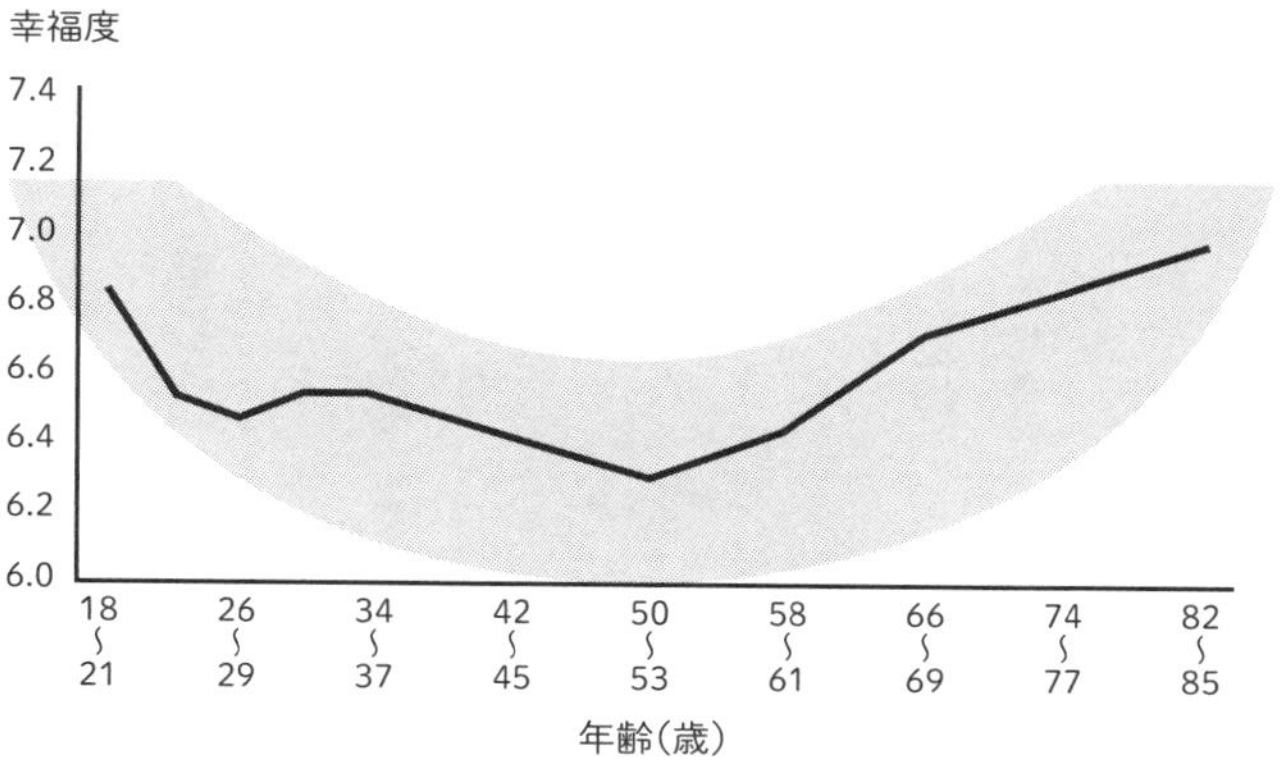

イギリス経済誌「The Economist」で紹介された「The U-bend of life」（参考文献1）。
出典はアメリカのサイエンス誌「PNAS」（参考文献2）。

は、仕事での責任が増す一方で、子育てや親の介護などでの問題も起こりがちな世代です。また、家のローンや老後の資金といった、お金の不安も尽きません。しかし60代を過ぎると、幸福度は再び上昇していくのです。

このように、少なくとも心理学に基づく研究では、高齢者は不幸どころか中年時代よりもずっと幸福であることがわかってきました。

しかも、この傾向は日本だけではなく、世界共通のものです。世界数十カ国のデータから、国や人種、民族の違いを超えて、やはり同様のU字カーブを描くことが明らかにされています。何歳頃が底になるのかは、文化や社会によって微妙に違うようですが、幸福度のU字カーブに違いはありません。

高齢になると感じる、新しい「幸せ」

なぜ、高齢になると幸福感が増すのでしょうか。しかも、U字カーブを見ると、60～70代で幸福感の上昇がとどまるのではなく、さらに80～90代に向けて上昇を続けていくようです。

80～90代といえば、体が思うように動かなくなる人が多く、それまで当たり前にできていたことができなくなる年代です。若い人から見れば、苛立《いらだ》たしいことばかりではないかと想像されますが、それでも幸福度が上がるのは、いったいどういうことなのでしょうか。

そのヒントになるのが、スウェーデンの社会学者ラルス・トルンスタムが1989年に提唱した「老年的超越」という概念です（参考文献3）。それによると、85歳を超えたくらいから価値観がそれまでとは変わり、物質主義的で合理的な考え方から、宇宙的、超越的な世界観へと変化していくというのです。

具体的な変化としては、物事に楽観的になり、自らの欲望や欲求から離れ、自己中心的なところがなくなって寛容性が高まっていくということが挙げられています。さらに、過去・現在・未来といった時間の区別が消え、自分と宇宙との一体感、人類全体や先祖子孫との一体感を感じるようになるともいいます。ややスピリチュアルな印象を受けるかもしれませんが、古典に出てくる仙人をイメージするといいかもしれません。

わかりやすく言い換えると、若い頃に感じていたような物質的な幸せとは違って、高齢になると別の種類の幸せが待っているというわけです。

こうした「老年的超越」が、高齢期の幸福感と深く関係しているのだと考えられます。

幸せは「寿命」とも関係している

もちろん、「高齢者」でひとくくりにはできません。年をとるとともに幸福感が増してくる人もいれば、それほどでもない人もいるでしょう。

しかし、どうせなら幸福感を味わえる人になりたいものです。というのも、それは単に「幸せだなあ」といい気分になれるだけでなく、もう1つの大きなメリットがあるからです。

それは、幸福感がその人の寿命とも関係しているということです。

例えば、2011年に『サイエンス』誌に掲載された〝Happy People Live Longer〟(幸せな人は長生きする)という有名な論文があります(参考文献4)。そのなかで紹介されているアメリカの修道女678人を対象とした研究「ナン・スタディ」によると、ほぼ同じ環境で、同じような生活を繰り返していた修道女180人を対象に比較したところ、入所したときに幸せを感じていた人の平均寿命は94歳だったのに対して、そうでない人の平均寿命は87歳だったというのです(参考文献5)。幸福感を持って生きた修道女は、平均して7年長く生きることができたことになります。

こうしたデータは枚挙にいとまがありません。東京都板橋区の高齢者2447名を7年間追跡した研究では、主観的幸福感の低さが死亡の確率を8%高めるという結果が出ています(参考文献6)。

そのほかにも、先進国に住む多くの人で比較したところ、幸せを感じている人はそうでない人に比べて7・5～10年寿命が長いというデータもあります(参考文献7)。幸せな人が長生きするというのは、民族、文化の違いにかかわらず当てはまる事実と見てよいでしょう。

その原因についても研究データがあり、幸福感が低い人は循環器系の病気になりやすいとされています。自身が不幸だと感じている人は、いわゆる神経質な性格の傾向があり、少しのことでクヨクヨしたり腹を立てたりしがちです。それがストレスとなって、病気や事故を引き起こしやすくなるのではないかと考えられます。

自分の行動を律することのできる人は、冒険心が強すぎてリスクを冒してしまう人よりは長生きするというデータもありますが、それも程度問題です。自分を律する程度が強すぎて、神経過敏になってしまうと、それもまたリスクになるのです。

長生きする人の性格には、こんな共通点がある

１９９０年代にメディアで大きな人気を呼んだ高齢の姉妹がいました。１００歳を迎えた双子姉妹の「きんさんぎんさん」（成田きんさんと蟹江《かにえ》ぎんさん）です。２人の屈託のない笑顔や、物おじしない態度を見て、「あれこそが理想の老後だ」と感じた人も多いことでしょう。

とはいえ、若い頃には苦労もしたはずですし、戦争や災害も体験しています。子や孫を失うという悲しいこともあったそうです。しかし、100歳を超えたお2人はすべてを超越したような様子で、にこやかな笑顔を振りまいていました。

あれが、まさに「老年的超越」の典型的な例といってよいでしょう。老年的超越の大きな特徴は、ものの見方が楽観的になると同時に、周囲への寛容性が高まることにあります。年をとると丸くなるというのが、それに当たるのでしょう。性格が穏やかになって些細《ささい》なことが気にならなくなり、幸福感が増していくのだと考えられます。きんさんは107歳、ぎんさんは108歳の天寿を全《まっと》うしました。

容易に想像がつくかもしれませんが、性格のいい人が幸せであることは、心理学の研究結果を見ても明らかです。意地悪な人は猜疑心《さいぎしん》が強く、不幸な傾向が高いという結果が出ています。もちろん、意地悪じいさん、意地悪ばあさんのような人が長生きするケースもあるかもしれませんが、それは少数派でしょう。

言い換えれば、性格にひどく難がある人は早めに亡くなる可能性が高いため、80歳、90歳、100歳と年をとっていくにしたがって、きんさんぎんさんのように、いつもニコニコしている人の比率が増えていくのだとも考えられます。

いずれにしても、性格がいい人は幸せであり、幸せな人は長生きする、つまり性格がいい人は長生きするといってよいでしょう。

それを裏付けるものとして、「誠実性の低さ、外向性の高さ、神経症傾向の高さが死亡率を高める」「楽観的な気質が長生きと関連する」といった研究結果が報告されています。

例えば、メタ分析という複数の研究結果を統合して分析する手法を用いて20万人を超えるデータを解析した結果、楽観的な気質と死亡率との関連が示されました。楽観的な人はそうでない人よりも死亡リスクが約86%に抑えられるということが明らかになったのです（参考文献8）。

記憶力がいいことが、幸せとは限らない

年をとったなあと、しみじみ実感することの1つが記憶力の減退でしょう。人の名前が覚えられなくなったり、固有名詞が出てこなくなったりするたびに、落ち込んでしまいがちです。記憶力が衰えると幸福感が下がると思うかもしれませんが、必ずしもそうではあ

りません。

意外な研究結果があります。記憶力がいい人よりも悪い人のほうが幸せというデータがあるのです。記憶力がいい人は、過去のよかったことだけでなく嫌なこともずっと覚えていて、鮮明にその場面がよみがえるのでつらいのかもしれません。

私（前野）の知り合いで、重いうつ病を患ってしまった中年の方がいます。その人は記憶力が非常によいのはいいのですが、嫌なことも鮮明に覚えているといいます。20代のときに上司からハラスメントを受けて、罵倒《ばとう》された場面の一言一句がありありと思い出されるというではありませんか。そのことを私に話しているときも、当時を思い出してひどく苦しそうだったのが印象的でした。

高齢者なら、人生が長い分だけ、嫌なことも数多く経験しているでしょう。それをいちいち鮮明に記憶していると、幸福度は低下してしまいます。しかし、人間の脳はよくできていて、多くの人の場合、嫌なことは忘れやすくできているのです。

記憶力がよすぎる知人の話を聞いていて、忘れることができる能力というのは、本当に大切だなと実感しました。もちろん、うつ病にはさまざまな要因がからみ合っているので、記憶力だけが原因というつもりはありません。しかし、高齢になるにつれて物忘れが増えていくのは、けっして悪いことではないのです。

高齢になるほど図太くなる⁉

2019年から2022年にかけて世界中で感染拡大した新型コロナウイルス感染症は、高齢者に深刻な影響を与えるものでした。若い人に比べて、高齢者の重症化率や死亡率が際立って高かったからです。

さぞかし高齢者はネガティブな気分になって、幸福度が下がっただろうと想像されると思います。ところが、調査の結果は意外なものでした。

一番インパクトを受けたのは、高齢者よりも、むしろ若い人だったのです。とくに若い女性に孤独感や抑うつ傾向を訴える人が多いという結果が、国を問わず世界中で報告されました（参考文献9、10）。

ただし、コロナ禍が長期化していくにつれ、若い人たちも状況に適応していったようで、年齢の差がなくなっていきました。

それにしても、コロナ禍でも高齢者の幸福度はそれほど下がらなかったことは、老年学の界隈でずいぶん話題になったものです。

確かに、高齢者は外に出て働く人が少ないために、切迫感が若い人ほどではなかったとも考えられます。しかし、当初伝えられた致死率を見れば、ひどく恐れても不思議ではありません。

では、なぜ高齢者はあまりインパクトを感じなかったのでしょうか。

あくまでも推測ですが、高齢者は人生経験が長い分だけ、リスクに対する適応力が高いのかもしれません。とくに、現在の高齢者の多くは戦争を体験していて、ダイレクトに命の危険にさらされたことがある世代です。そうでなくても、自然災害、大事件、事故、病気など、さまざまな出来事を経験して、そこを生き抜いてきた人たちといってよいでしょう。

90歳を超えたある高齢女性が、「長く生きていれば、10年おき、20年おきくらいに、大きな事件があるものよね」と平然とおっしゃっていたのが印象的でした。

戦時中の空襲や戦後のひもじさと比べるものではないけれど、今回のコロナ禍もいつかは収まるでしょう、というくらいの気持ちだったのかもしれません。高齢者は意外に図太いのです。コロナ禍によって、そのことが注目されて、高齢者の適応力に関する研究が一気に増えたのも興味深いエピソードでした。

老化や長寿について研究する「老年学」

「人はなぜ老いるのか」「どうすれば長生きできるのか」——これは、私たち人間にとって究極のテーマであり、太古から宗教、哲学、医学をはじめ、さまざまなアプローチが続けられてきました。

20世紀に入ると、老化や長寿に関する科学的な研究が急速に進歩し、アメリカでは1970年代から80年代にかけて老年学の研究機関や教育拠点が数多く設立されました。

日本では1959年に日本老年医学会と日本老年社会科学会が設立。72年には東京都老人総合研究所（現・東京都健康長寿医療センター研究所）が開設されて、老年学の研究が本格的に進められてきました。

老年学がはじまった頃は、高齢になればなるほど病気を抱え、不幸や孤独になると考える人が多かったのですが、研究が進んでいくうちに、必ずしもそうではないことがわかってきました。なかにはかなり高齢になっても元気な人もいる一方で、どんどん衰えていく人もいることがわかり、その違いはどこに由来するのか、あるいはどういう条件が揃えば元気なままでいられるのか、その理由を明らかにすることが老年学の大きなテーマになっていきます。

出発点における老年のイメージがネガティブだった分だけ、ポジティブな発見が目立ってきたといってもよいでしょう。単なるイメージで判断するのではなく、客観的にデータを集めて科学的に分析した結果、それまでの「高齢者は孤独で不幸」という思い込みを覆すデータが、数多く集まってきたのです。本書で紹介する研究の多くも、そうした老年学の成果によるものです。

もう1つ、高齢者研究の鉄則として頭に入れておきたいのは、年をとるほど個人差が大きくなるということです。ですから、平均値だけで判断するのではなく、幸福度の高い人もいれば不幸な人もいることを忘れてはいけないと自戒しています。

「ウェルビーイング」の一分野としての「幸福学」

近年いろいろなところで耳にするようになったのが、「ウェルビーイング」（Well-being）という言葉です。日本語では「健康、幸福、福祉」をすべて含む概念で、なかなかひと言で訳すのが難しい用語です。

私（前野）は幸福学を専門にしており、これは幸福を科学的手法で評価する学問であり、ウェルビーイング研究の一分野と考えています。

幸福というと英語でhappiness（ハッピネス）を連想しますが、これは一時的・刹那的な楽しみや感情としての快楽の意味合いが込められています。それに対して、Well-beingは良好な状態を意味する言葉であり、長期的、総合的な幸福を意味します（参考文献11）。ですから、高齢者の幸福を考えるときには、ウェルビーイングに着目するほうが網羅的でしょう。

幸せや幸福感を考えるときに難しいのは、それが非常に個人的で抽象的だという点です。幸せかどうかはその人の心のなかにあるものですから、第三者が評価するのは難しいと考えられてきました。

しかし、そうした評価しにくいものを評価しようと試みたのが、私が取り組んできた幸福学です。幸福かどうかを判断する材料として、その人の財産や収入、家族構成、健康など客観的な指標を使う方法もあります。客観的幸福研究です。しかし、それだけで本当に幸福なのかを判断できるのか、疑問が残ります。

一方、人々にアンケートをとって、その結果を統計処理し、何が幸せに影響するかを明らかにする研究分野があります。主観的幸福研究です。ポジティブ心理学という学問分野も主観的幸福研究を基盤としています。以下に述べる私の研究結果も、主観的幸福研究です。

私は、主観的幸福感をアンケートによって集計し、それを統計的に分析し評価する因子分析という手法を用いて、幸せ・不幸せの分析を行いました。

その結果、人が幸せを感じる要素は、基本的に大きく４つの因子から構成されることがわかりました。それが次ページの「幸せの４つの因子」です（参考文献12）。

「私は幸せだ」と漠然とした気持ちも、科学的に分析すると、こうした４つの因子から構

幸せの4つの因子

①やってみよう因子（自己実現と成長の因子）

○夢や目標を持っている人は幸せ
○努力して成長している人は幸せ
○主体的な人は幸せ

②ありがとう因子（つながりと感謝の因子）

○いろいろなことに感謝する人は幸せ
○親切で利《り》他《た》的な人は幸せ
○多様な友人を持つ人は幸せ

③なんとかなる因子（前向きと楽観の因子）

○自己受容できている人は幸せ
○楽観的でポジティブな人は幸せ
○細かいことを気にしない人は幸せ

④ありのままに因子（独立と自分らしさの因子）

○他人と自分を比べない人は幸せ
○人の目を気にしすぎない人は幸せ
○自分らしさを持っている人は幸せ

成されていることがわかったのです。

「老年幸福学」で、幸せに年を重ねるヒントが見えてくる

私（菅原）が老年学を目指そうと思ったきっかけは、指導教員に連れられて高齢者の方々から実際にお話を聞いたことでした。それまではとくに老年学に興味があったわけではないのですが、みなさんの話を聞いているうちに心を動かされました。「こんな大人になりたい」と思わせる素敵なお話を数多く聞くことができたのです。それ以後、高齢者の調査に関わる機会が増え、幸福度が高い人に触れることでますます興味がふくらんでいきました。

「成人以降の友人関係」をテーマに修士論文を書くことになり、知り合いに紹介された高齢者から話をうかがったときのことです。一見すると、ごくごく普通のおじいちゃんやおばあちゃんなのですが、話を聞いてみると実に人生経験が豊富で、それぞれにドラマチックな歴史を持たれているのです。考えてみれば当たり前のことかもしれませんが、若かった私にとって目から鱗《うろこ》が落ちるような体験でした。

なかでも忘れられないのは、どうやって友人を大切にしてきたかという話題になったときのこと。20歳そこそこだった私が「どうしたら、そんな素敵な友だちをずっと持っていられるんですか」と尋ねると、「あなたにもわかるわよ、そのうち」とおっしゃるではありませんか。そのひと言で、すっかり老年学のとりこになってしまったのです。

人の一生において、紆余曲折《うよきょくせつ》を経ながら幸せな人生を送ることは難しそうに思っていたのですが、「考え方しだいで誰でも幸福に年を重ねられるのかな」と思うようになりました。そう考えると、研究という名目で人生の先輩方から幸せに生きるヒントを聞けるなんて、なんという役得だろうと今でも感じています。

社会問題的な視点から入って高齢者に向き合うと、孤立や貧困など、ネガティブな側面が強調されて描かれることが多いのですが、親戚や近所のおじいちゃんやおばあちゃんに会って話を聞くと、日々幸福感を抱きながら暮らしている高齢者が多いことに気づかされます。

では、どうすれば幸せな高齢者になれるのでしょうか。本書では、アンケートをもとに統計学や心理学的手法で評価する幸福学と、高齢者の生の声をもとにした老年学のデータから、幸せに年を重ねるヒントを紹介していきましょう。

人の「財産」には2種類ある

40代後半から50代になると、そろそろ老後の心配が頭をよぎってきます。そこで、「幸せな老後を過ごすために必要なものは?」と問えば、おそらく多くの人が「お金」と答えることでしょう。

「老後を安心して生きるには2000万円が必要」という、いわゆる「2000万問題」がメディアを賑わせたこともあり、何よりもお金の心配が先立つのは当然かもしれません。

でも、お金があれば幸せな老後が送れるのでしょうか? 幸福学の立場からすると、必ずしもそうではありません。むしろ、お金以外の要素のほうが重要だという結果が出ています。

財産というと、お金や不動産ばかりを思い浮かべるかもしれませんが、財産には大きく分けて2つの種類があるというのがアメリカの経済学者ロバート・H・フランクが提唱した考え方で、それをイギリスの生物・心理学者ダニエル・ネトルも引用しています。

ロバート・H・フランクは、その2種類の財産を「positional goods」（ポジショナル・グッズ）と「non-positional goods」（ノン・ポジショナル・グッズ）に分類しており、それを私（前野）は日本語で「地位財」と「非地位財」と訳して、幸福学の基本的な考え方の1つに据えています。ここでいう地位（ポジション）とは、自分が他人と比べてどのようであるかを示す基準と考えればよいでしょう。グッズは財産のことです。

ですから「地位財」というのは、資産、収入、所有するモノ、社会的地位など、周囲と比較することで満足が得られるものを指します。お金をたくさん持っていたり社会的地位が高かったりすると、それを他人と比較することで喜びを感じます。地位財とは、そんな種類の財産です。

一方、「非地位財」とは、愛情や友情、自由度、つながり、やりがいなど、他人が持っているかどうかとは関係なく喜びが得られるものを指します。「私の愛はあなたより大きい」という言い方も可能ですが、それはあくまでも抽象的表現であって、詳細に大きさを比較しているわけではありません。

そして何よりも重要なのは、地位財による幸福感が長続きしないのに対し、非地位財による幸福感は長続きするという点です。多くの金銭や社会的地位を手に入れたときは、その直後こそ幸せを感じますが、喜びは長続きしません。さらに上があると思うと、すぐにその状況に飽き足らなくなってしまい、もっとお金が欲しい、もっと高い地位に就きたいという欲望はとどまるところがありません。

しかし、非地位財はそうではありません。人と競争することが目的ではありませんから、家族や友人とのつながりや仕事のやりがいを感じながら生活することによって、幸福感は続いていきます。先ほど説明した「幸せの4つの因子」のうち、4つ目の「ありのままに因子」が、非地位財による幸せのほうが有効であることの説明になっています。他人と自分を比べないことが、幸せになる重要な要素の1つだからです。

長い人生を幸せに生きるためのポイントは、この非地位財をどうやって手に入れるかにかかっています。

幸せの形は1つではない

現役時代にはお金や社会的地位のような地位財を得るための競争に明け暮れていたとい

う人も少なくないかもしれません。しかし、地位財競争は幸福感が長続きしないので、次から次へと求めていかないと幸せが持続しません。マグロが泳ぎ続けていないと生きていけないように、走り続けなくては幸せを維持することができないのです。

若くて元気なうちは、それでもいいでしょう。もっといい仕事をして、もっとボーナスをもらって、もっと出世して……と追求していく体力も気力もあるでしょう。しかし、定年退職したらそうはいきません。体力や気力は少しずつ減退していきますし、そもそもんなにお金を稼げる仕事はありません。さらに高い地位に就くあてもあまりありません。

そんな人にとって問題となるのは、地位財をめぐる競争がなくなった定年後のあり方です。あまりに地位財競争が習い性になってしまったために、その価値観から抜け出せず、退職後にどうしてよいかわからず、途方に暮れてしまう人が数多くいます。

そうならないためには、どこかで価値観を転換する必要があります。それは、「競争型の幸せ」から「協調型の幸せ」への転換です。

前者は軍隊組織のようなところで命令に従って戦うような幸せです。自由はないけれども競争相手を倒すことで幸せを感じることができます。後者は、勝ち負けにこだわることなく、時には相手に花を持たせることで相手も喜んでくれて自分もうれしくなる幸せです。あえて戦いにたとえるなら、いわばスポーツマンシップにも似た幸せです。

現役時代に大企業でバリバリやっていた人は、おそらく競争型の幸せを追求してきたのでしょう。それはそれでいいのですが、退職後にはそれでは体力的にも人間関係でも行き詰まってしまいます。価値観の転換がうまくできるかどうかが、高齢期の幸福感を大きく左右するといっても過言ではありません。

私（前野）の義理の父は、現役時代に仕事上の失敗をしたことで、出世競争から外れてしまい、ずいぶん悔しい思いをしたそうです。ところが、定年後はおもちゃの修理や植木など、さまざまな資格や趣味を得て町の人気者になり、本当に幸せだといっていました。価値観の転換がうまくできた一例で、身近で見ていても喜ばしく感じられました。

大事なものは年齢とともに変化する――「社会情動的選択性理論」

近年では、終活や断捨離《だんしゃり》が流行語となり、書店の棚にはそれに関連した本が並んでいます。それを受けて、家にあるものを片っ端から捨てたり、人間関係をスッキリさせようとする人が増えているようです。

終活や断捨離はするべきかどうかと問われれば、幸福学の見地からすれば、「そうしたい人はすればよいし、したくない人はしなければいい」というのが答えです。無責任に聞こえるかもしれませんが、人間はそのようにできているからです。

老年心理学に、「社会情動的選択性理論」（Socioemotional selectivity theory）という理論があるのですが、これは「その人にとって大事なものは年齢とともに変化して、高齢になると情動に基づいて自然と物事を選択していく」という考え方です（参考文献13）。

若い頃のように、人生の残り時間が無限にあると感じている時期は、善悪を問わずに数多くの情報を集め、多くの友人知人を持つことが優先されます。そのほうが選択の幅が広がり、自分に合った配偶者や新しい仕事を見つけることに役立つためです。

しかし、人生の残り時間が少なくなったと実感した高齢者は、たくさんの情報を得ようとするより、自分にとって情緒的に意味があると感じられるものを自然に選ぼうとするというのです（図表2）。

言い換えると、モノにしても人間関係にしても、わざわざ頑張って断捨離しようと思わ

（図表2）社会情動的選択性理論

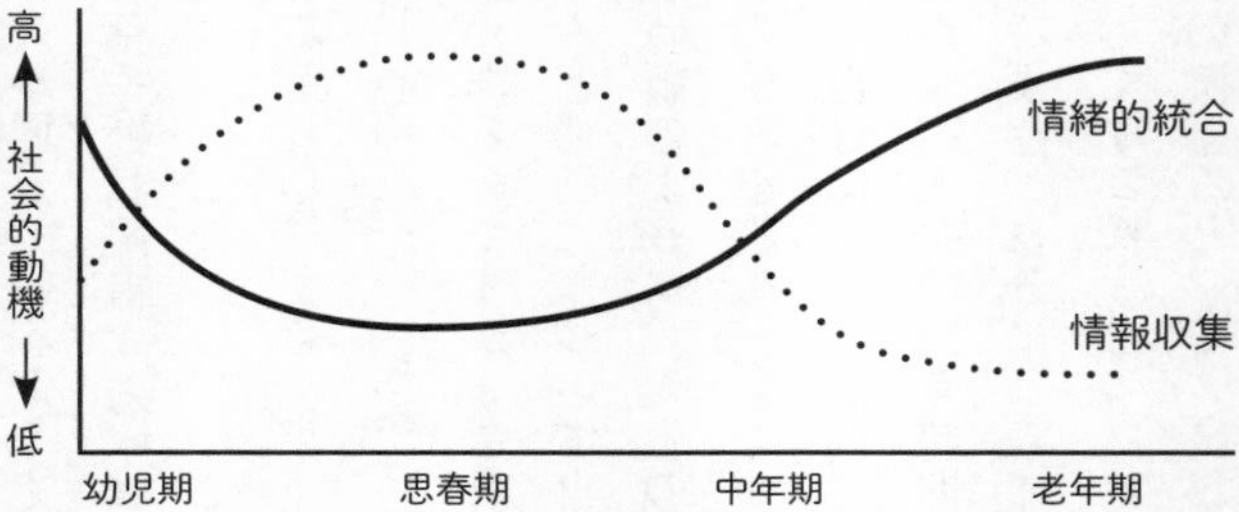

Carstensen, Isaacowitz, & Charles. (1999) より作成。

人間の心理的な行動の土台（社会的動機）には、「情報収集動機」と「情緒的統合動機」の2つがある。
若い頃は「情報収集動機」が高いが、年齢を重ねて時間の有限性を認知するようになると、「情緒的統合動機」のほうが高くなっていく。
中年期くらいを境に、多くの情報を得たいという考え方から、自分にとって情緒的にいいと思えるものを選ぶように変化する。

なくても、年をとると必要のないものは自然に捨てていくようになっているのだから、あまり難しく考えなくていいというわけです。

世の中の流れに踊らされ、無理をして終活や断捨離をすると、かえってストレスをためることになりかねません。したければすればよいし、したくなければしなければいい。高齢期を迎えようとしている人は、生き方も考え方もチェンジの時期です。ですから、自由な生き方をすればいいのです。自然と変わっていくのですから、変わることを恐れる必要はありません。リラックスして、自由な時間を楽しみましょう。

1章

「つながり」が多いほど幸せ

「人間関係」の老年幸福学

定年後の男性の幸福度は低くなる――「おじさん問題」

日本社会の男女格差は、何かにつけて議論のテーマになってきました。実際のところ、雇用をはじめとした社会全般において、まだまだ男女平等とはいえない状況が続いています。

それでは、さぞかし男性は女性よりも幸福度が高いのかというと、そうでもありません。男女別に幸福度を調べたデータにはさまざまなものがありますが、どれを見ても日本では女性のほうが幸福度が高い傾向にあります。

図表3は、国別に男女の幸福度を比較したグラフです。横軸が男性の幸福度、縦軸が女性の幸福度で、斜めの線から左上に離れるほど女性の幸福度のほうが高く、右下に離れるほど男性の幸福度のほうが高いことを示しています。また、右上にある国ほど幸福度が高く、左下に行くほど低いことを意味します。例えば、アメリカは男女差がほとんどなく、斜線より下にあるキプロスやウルグアイは男性のほうが幸せであることがわかります。

では日本はどうかというと、驚くことに調査対象になった国のなかでも、斜線からかな

（図表3） 日本は女性のほうが男性よりも幸せな国

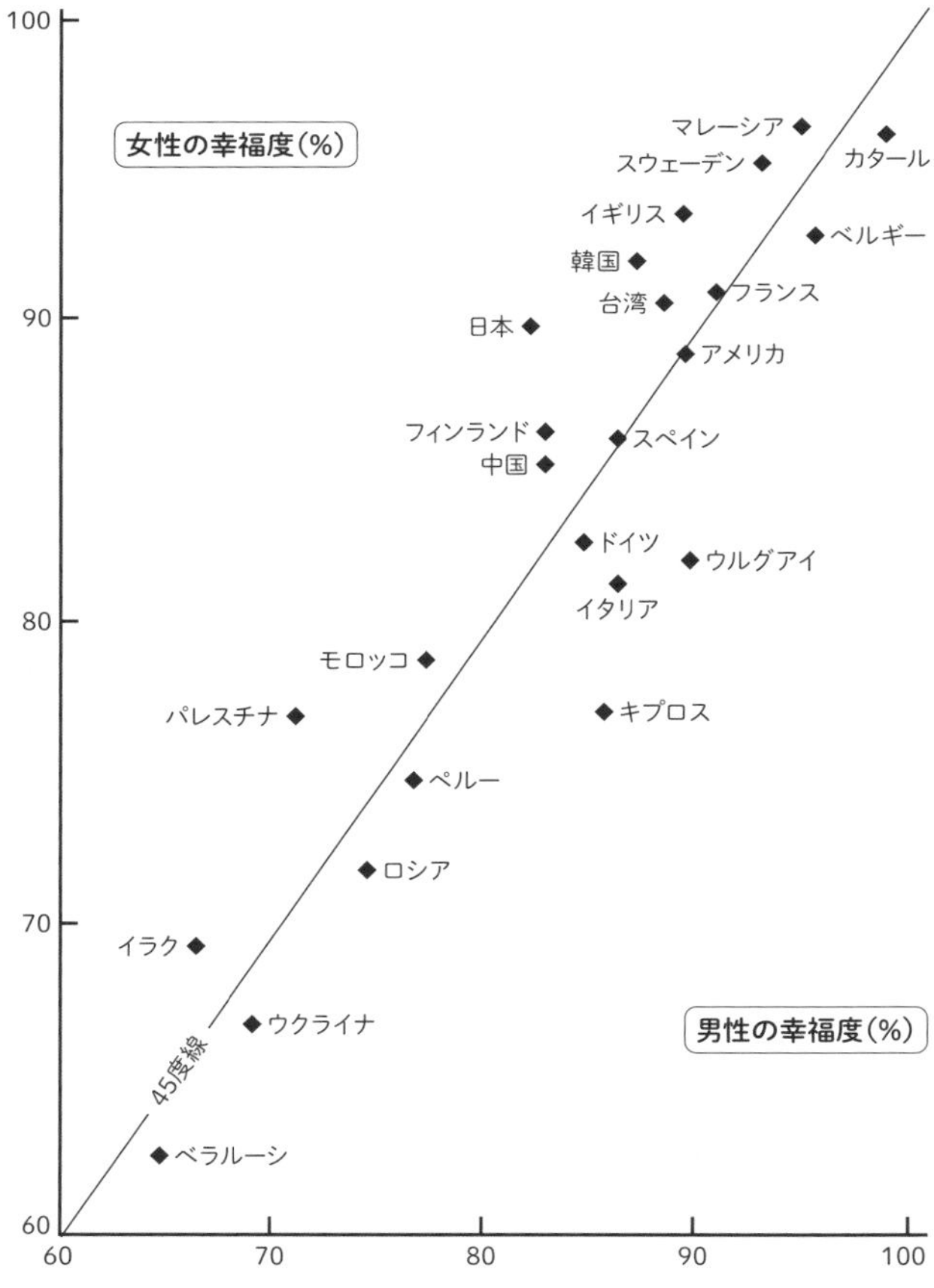

（資料）Wold Values Survey HP（2014.5.3）、
European Values Study HP（2014.5.9）より作成（参考文献14、15）。

り左上に離れています。つまり、男性と女性の幸福度の差が非常に大きい国といえるわけです。

ショッキングなのは、横軸に取った男性の幸福度だけを見ると、先進国で日本より不幸な国はあまりないことです。もし、男性がもっと幸せなら、日本はもっと右に位置していたことでしょう。男性が日本の幸福度の平均を大きく下げているともいえます。

ただし、対象者を属性別に見ると、事はそう単純でないことがわかってきます。正規雇用者を対象にすると、男性のほうが女性より幸せなのですが、非正規雇用だと女性のほうが幸せというデータがあります。つまり、正社員で働くなら男性のほうがよくて、契約社員やパートだと女性のほうがよいと読み取れます。ここにも、まだ雇用の男女差別が残っていることがうかがえます。

退職した人はどうでしょうか。女性の場合、退職者は学生に次いで幸福度が高いと回答した人が43・8％。それ対して、退職後の男性では25・6％とかなり低くなっています（参考文献16）。

退職後の幸福度のこうした男女差はどこに起因するのでしょうか。

（図表4）就業業態別・男女別の幸福度

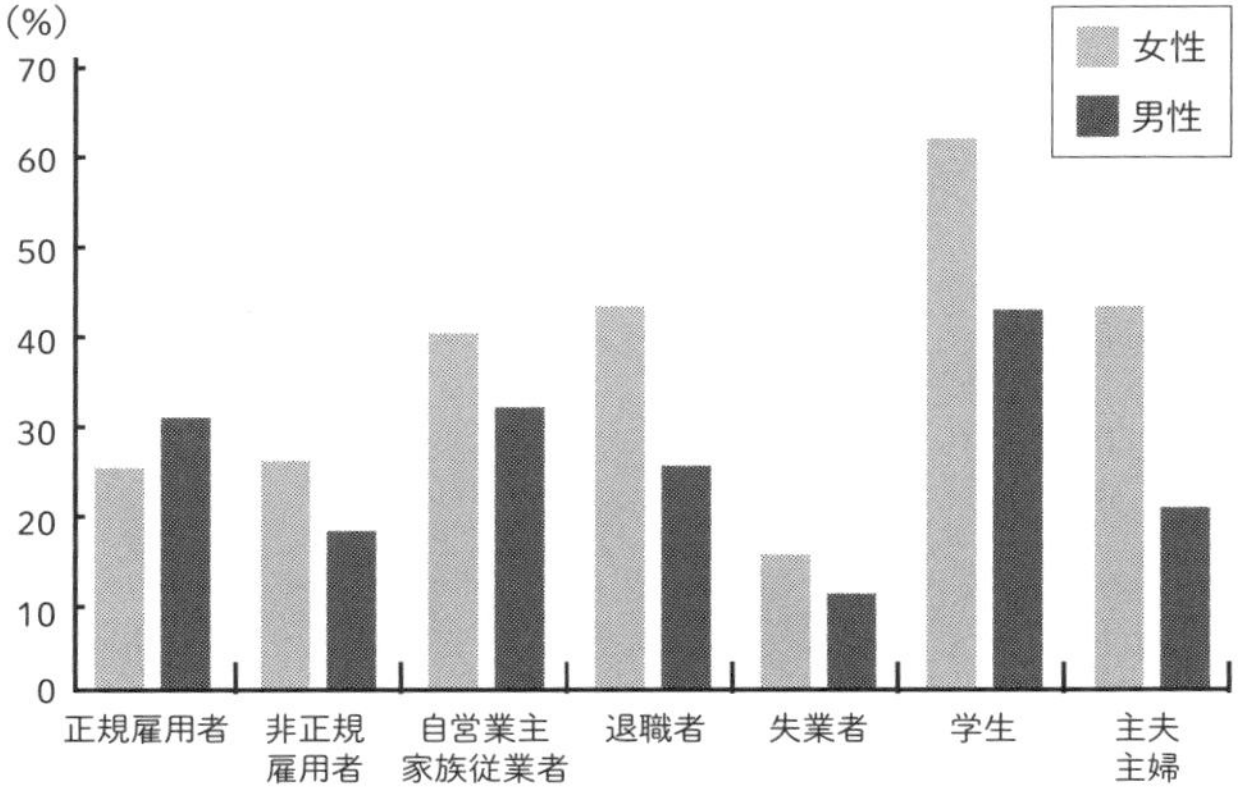

「平成26年度版男女共同参画白書」（内閣府男女共同参画局）より作成。

女性は正規雇用で働いていても、定年後には比較的気軽にパートに出て楽しく働くという傾向があります。一方、男性は肩書や定年前の年収にこだわって職選びをしているうちに、次の仕事が決まらないまま何年も経過してしまう人が多いように思います。現役時代に地位が高かった人ほど、そういう傾向がありそうです。

低賃金を我慢してどこかの会社に入っても、プライドが邪魔をしてしまいます。上から目線でものをいうことが身についているので、本人は威張っているつもりがなくても、言葉や態度の端々にそれが表れてしまい、周囲から遠ざけられて会社に居づらくなってしまうという話もよく聞きます。

町内会やデイサービスでも、厄介者扱いされるのがそうした男性です。退職して地元の町内会に入り、「オレがこの町をよくしてやろう」と張り切ったはいいけれど、尊大な態度をとって町内会のお仲間に嫌われ、家に引きこもってしまうという人もいます。

高齢者の社会参加を調べている研究者は、これを「おじさん問題」と呼んで問題視しているのだとか。

会社の人間関係をそのまま町内会やデイサービスに持ち込んでしまうのでしょう。最後には、相手にしてくれる人がいなくなって、寂しい晩年を過ごすことになってしまいます。

それを防ぐには、役職や肩書のないフラットな人間関係やコミュニケーションの方法を、退職前からトレーニングしておく必要があると思います。それができれば、高齢期は幸せいっぱいです。何しろ、女性のほうが平均寿命が長いので、高齢の男性は絶対数が少ないのです。コミュニケーション能力さえ身につければ、町内でもデイサービスでも男性は人気者になること間違いなし。それができれば、定年後の男性の幸福度は今よりずっと上がっていくに違いありません。

シニアの幸せは「つながり」がキーワード

60代は、人間関係に大きな変化が生じる時期です。定年退職によって会社とのつながりが切れ、親との死別を経験する人も多く、家族や親族とのつながりが薄くなります。健康不安があれば、外に出る機会が少なくなって、やはりつながりが切れやすくなってしまいます。

一方、孫の誕生によって新しいつながりも生まれます。健康に問題があっても、病院や介護関係者との新しいつながりを得ることができます。また、考え方や振る舞い方しだいで、高齢になってから友人をつくることも、もちろんできます。

激動の高齢期において、どうやって新しいつながりを見つければよいのか、あるいはどうすればつながりが切れないですむのか、それが私（菅原）の大きな研究テーマです。これまでのつながりが切れやすい年代だからこそ、つながりを大事にすることが幸福感にとって重要といえるでしょう。

つながりは、健康のためにも有効だという研究結果があります。人づきあいや社会活動が乏しい人は、風邪のウイルスを与えられたときに、風邪を発症する確率が高いという結果が出ています。つながりが乏しい人は、多少つながりがある人よりも約1・4倍、つながりが豊かな人よりも約1・8倍、風邪を発症するという研究があるのです（参考文献17）。

新しいつながりをつくるチャンスはありますが、急に乗り移ることは難しいので、定年前から種をあちこちにまいておくことをおすすめします。40～50代のうちから、趣味の集まり、ボランティアサークル、喫茶店の顔なじみ、ペット仲間など、何でもいいので顔見知りをつくっておくのです。

家と職場以外のサード・プレイス、つまり第三の場所をつくり、そこに家族でも会社の同僚でもない知り合いがいることが理想です。

とくに仕事一筋だった人は、定年になるとつながりが一気になくなり、交友関係に根本的な変化が生じます。「定年になってから考えよう」と思っていると、長年の会社勤めで身についた思考や行動のパターンが邪魔をして、すぐには適応できないものです。

高齢者の幸せは「つながり」がキーワードです。つながる機会が少なくなった高齢者は、どうやって新しいつながりをつくればよいのか、この章で考えていきましょう。

意外に重要な「弱いつながり」

年末近くなると、「今年から年賀状を失礼いたします」という葉書がよく届きます。その多くは高齢者からのものです。確かに何十枚という年賀状を作成して送付するのは、かなりの重荷には違いありません。

序章で紹介した社会情動的選択性理論に従えば、続けたければ続ければいいし、やめたければやめればいいのですが、「年賀状はやめたいけれども、この人とはやりとりを続けたい」という気持ちも湧いてきます。

答えは簡単です。毎年のやりとりが面倒くさいと思う相手なら、高齢者の選択肢としてやめてしまうのは間違っていません。でも、つながりを持ちたい人となら、細々と年賀状をやりとりすればいいのです。

ゼロか10かの二者択一ではなく、気持ちや体力に合わせて10だったものを1～3くらいに減らせば、本当に大切にしたい人とのつながりを無理なく維持できます。

幸福学の視点からすると、年賀状をゼロにするのはあまりおすすめしません。というのも、年に1回、年賀状をやりとりするような「弱いつながり」は、高齢者の幸せにとって重要なものだからです。深いつながりのある知人がごく少数いるだけであるよりも、弱いつながりの知人を多く持つほうが、高齢者にとっては幸福度が高くなります。

ソーシャルキャピタル（社会関係資本）で議論されるテーマでもあるのですが、たまに挨拶するような弱いつながりを持っておくと、いざというときにスムーズに助け合うことができます。

それは、東日本大震災などの災害発生時に実証されています。病人がいる、家が壊れたなどの困ったことが起きたときに、弱いつながりに頼ることで、「医者ならあそこにいる」「大工さんを知っている」などの情報をすぐに得ることができて、トラブルを解決しやすいのです。

ところが、つながりをすべて切ってしまっていると、そうはいきません。まったく面識がない人に信用してもらうために、自己紹介からはじめなくてはならないからです。

そう考えると、年に1回、あるいは2、3年に1回でも会って食事をするような学生時代の友だちも貴重といえます。学生時代はそれほど親しくなかったのに、ちょっとした頼み事や相談をしたことがきっかけで深くつながることはよくあるものです。昔を知っている友人だからこそ、会うことがまれであっても、いざというときに助け舟を出してくれるかもしれません。

しょっちゅう会っている人も大切ですが、弱いつながりも大切にしたいものです。よほど嫌いな人は別として、高齢になったからといってむやみにつながりを切らなくてもいいと思います。

近所づきあいと幸福度の関係

都会に住む人にとって距離感が難しいのは近所づきあいかもしれません。「面倒くさいから近所づきあいはしない」という人も多いのですが、まったくしないのはおすすめではありません。「遠くの親戚より近くの他人」という格言があるように、家族や友人が少なくても近所づきあいが密な人は、幸福度が高いというデータがあります。

私（前野）は、ご近所づきあいによる幸福度の比較について、神奈川県寒川《さむかわ》町で調査を行いました（参考文献18）。調査では、近所づきあいについて、「日常的につきあいがある」

（図表5）「ご近所づきあい」による幸福度の比較

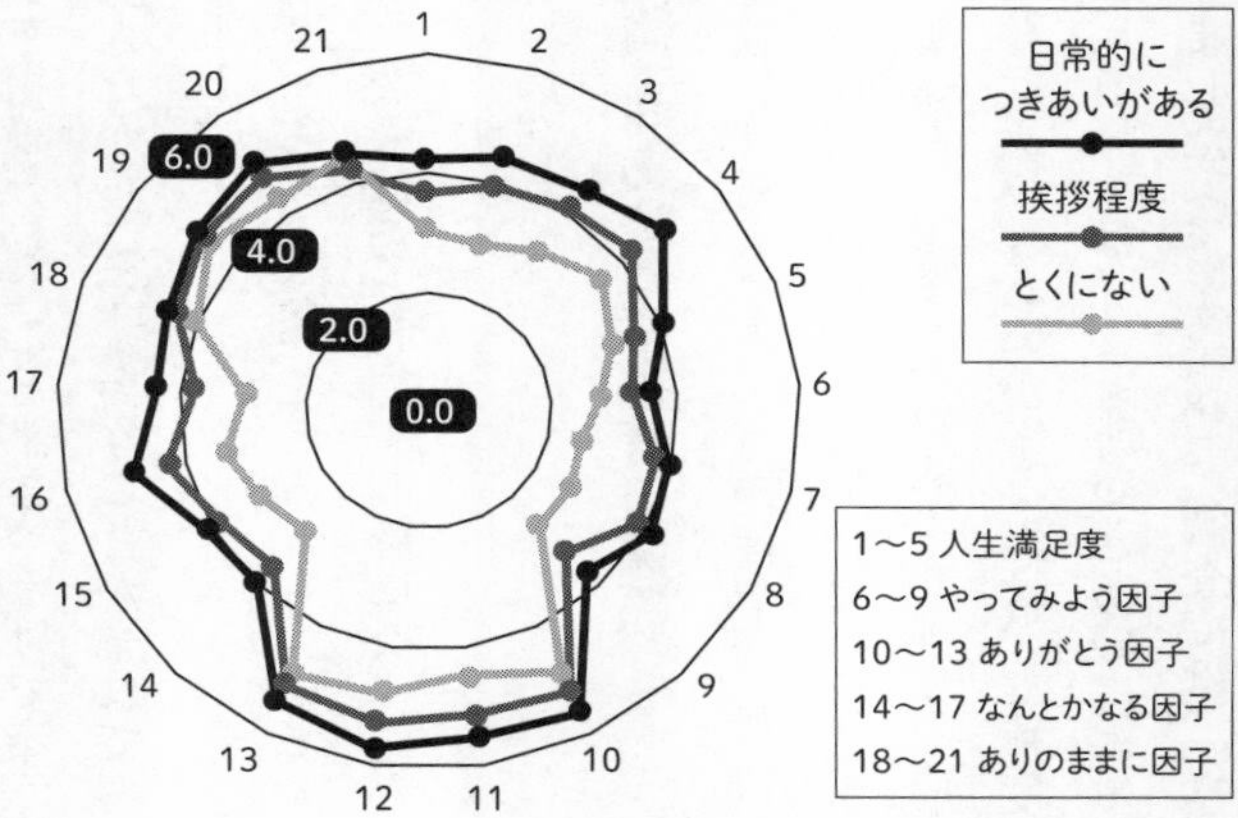

寒川町におけるアンケート調査（2020年）より作成。

「挨拶程度のつきあいがある」「とくにない」から選んでいただき、それぞれの幸福度を調べてみました。

すると、「日常的につきあいがある」と答えた人の幸福度が圧倒的に高いという結果が出ました。次いで「挨拶程度」、そして「とくにない」と回答した人はあまり幸せでない傾向があることがわかりました（図表5）。もしかすると、幸せだから生活に余裕があって近所づきあいをするのかもしれません。しかし、余裕がなくても、「こんにちは」「こんばんは」の挨拶はできます。それだけでもいいのです。

ある程度慣れたら、そこに「今日は暑いで

すね」「雨ばかりですね」といった天気の話でも加えれば、だいぶ変わってくるはずです。

私はアメリカ留学時代にひとり暮らしをしていたので、挨拶のありがたさを実感しました。ほとんど1日中家にこもって勉強をしていると気が滅入ってくるものです。そこで気分転換を兼ねてスーパーに買い物に行くと、店員のアメリカ人に「やあ、元気か？」などと、よく話しかけられました。

それに対して、「うん、元気だよ」などと答えるだけのたわいのないやりとりなのですが、そうした会話をするだけでも気が晴れてきます。もし、スーパーでの買い物が無言で終わっていたら、気分はずいぶん違っていたことでしょう。

ですから、近所の店やコンビニに買い物に行ったときにも、仏頂面でレジに行くのではなく、ひと言だけでもいいので、「ありがとう」「お世話さま」といってみてはいかがでしょうか。それだけでも幸福度が上がるでしょう。

シニアの友人づくりのヒント

近所づきあいがいいといわれても、それまで家には寝に帰るばかりの生活をしてきた方にとっては、最初のとっかかりが難しいかもしれません。何かいい方法はないでしょうか。

私（菅原）は、川崎市中原区に住む75歳以上の高齢者549人を対象に、追跡調査をしたことがあります（参考文献19）。最初の聞き取りでは、近隣でおつきあいのある人が「いない」と答えた人が全体の60％。そのうちのおよそ4人に1人が、2年後の調査で「いる」に変わりました。高齢になっても、新しい近所づきあいはつくれるのです。

「いない」から「いる」に変わった人の共通点を調べてみると、最初の調査の時点で「地域のお祭りなどのイベントに参加したことがある」「地域への愛着が高い」と答えた人が多く見られました。そこから推測すると、当初は友だちがいなかった人でも、地域のお祭りやイベントに顔を出したり、地域の情報に関心を向けておくと、何かのきっかけで知り合いができるようです。

いきなりご近所の人に声をかけるのは気が引けるなら、地域のそうしたイベントに参加してみてはいかがでしょうか。ベッドタウンのような土地ならば、引っ越してきたばかりの人も多いでしょう。意外に同じような境遇の人がすぐに見つかるかもしれません。まずはひと言ふた言、言葉を交わして顔見知りになっておくだけでいいと思います。徐々に知り合いの輪が広がっていくでしょう。

ご近所さん同士であっても、現役時代には朝晩しか家にいないので、ほとんど会話を交わしたことがなかったという関係もあるでしょう。退職して顔を合わせる機会が増えたので、少し話をしてみると、結構気が合ったという話も聞きます。

また、趣味のサークルや地域活動が、友だちづくりのきっかけになるケースもよく見受けられます。そうした集まりというのは、行くまでが億劫《おっくう》かもしれませんが、行ってみたら楽しかったという話はよく耳にします。年齢を重ねると出無精《でぶしょう》になりがちかもしれませんが、積極的に出て行くという努力も時には必要です。

出無精な人でも、これからの高齢者はインターネットを使える世代なので、遠距離にいる人とも趣味を通じて気軽につながることができるはずです。現役時代の価値観を切り替えて、新しいコミュニティをつくる気概《きがい》があるといいですね。

幸福学や老年学の研究者から見ると、そうしたつながりは、ないよりもあったほうがいいものです。それを億劫だと思って孤立を選ぶと、最終的に不幸を招いてしまいます。とくにひとり暮らしの場合、孤立が不摂生や抑うつにつながり、寿命を短くする大きな原因になりかねません。

問題を複雑にしている原因の1つは、現代社会は人とつながらなくても、そこそこ生きていける仕組みになっていることでしょう。その点、昔の村社会というのは、孤独を選ぶことができないようになっていました。

しょっちゅう祭りだ、作業だといって、それを手伝わないと村八分にされてしまいますし、お節介なおばあちゃんが毎日家に上がり込んでおしゃべりをしていきます。確かに面倒くさい社会ではありましたが、それがつながりを維持するシステムになっており、最終的には個人の幸福につながっていたのだと思います。

「リアルな友人」の数が多いほど幸せ

友だちは、いないよりいるほうが平均的に見ると幸せというのは、ある程度は見当がつくことでしょう。そして、友人の数も幸福度を左右します。

私（前野）が特定非営利活動法人issue+design（イシュープラスデザイン）とともに実施した調査では、友だちの数が多い人ほど幸福度が高いというデータが出ています（参考文献20)。

では、リアルの友だちとSNSでの友だちとで違いはあるのでしょうか。それも調べたところ、Facebookの友だちの数もまた、多いほど幸せだという結果が出ましたが、数が増えてもリアルな友だちほど幸福度は上がりませんでした。ですから、SNSでの友だちをやたらにつくるより、リアルの友だちをつくったほうがいいというのが結論です。

友人については、私の研究室の学生による非常に興味深い研究結果があります。それは、友だちの数よりも、友だちの多様性のほうが幸福度に寄与するというデータです。つまり、いろいろな職業、年齢、性格、国籍など多様な友だちを持っている人のほうが、そうでない人よりも幸せだというのです。

ですから、仕事のつながりだけ、地域のつながりだけといった狭い行動範囲で似たような友だちばかりと会っているのではなく、積極的に新しい世界に踏み出すことで、弱いつながりでもよいので多様な人と出会うことが大切です。

なぜ、多様な友人がいるとよいのかについては、いくつかの理由が考えられます。1つは、困ったことが起きたときに、さまざまな視点からアドバイスがもらえますし、さまざまな形で助け合うことができるからです。

また、多様な友人がいれば、多様な価値観に基づくさまざまな意見や考え方を知ることができます。新しい学びの機会にもなりますし、それまで知らなかった世界を知るきっかけにもなるでしょう。それは、さらに新しい多様な友人を得るという好循環をもたらしてくれます。

そして、「三人寄れば文殊の知恵」というように、違った考え方やベースを持つ人が知恵を出し合えば、そこにイノベーションが生まれ、いいアイデアが出てくるでしょう。

「孤独」と「孤独感」は別物

友だちがいない人は幸福度が低くなる傾向があります。これはあくまでも統計的なデータであって、それに当てはまらない人ももちろんいます。

他人と一緒にいるよりも、1人でいるほうがずっと幸せだというタイプの人もいます。いわゆる「孤独を愛する人」です。本人は「孤独で幸せだ」といっているのに、幸福感が低いといってしまってよいのでしょうか。

実は、それは日本語と英語、そして学術用語と一般用語の意味のずれが関係しています。心理学では、英語の「Loneliness」を「孤独」と訳していますが、Lonelinessには「1人ぼっちで寂しい」というニュアンスが強く感じられます。

一方、日本の一般用語の「孤独」にはマイナスの意味だけでなく、文脈によっては「孤高を楽しむ」というプラスの意味が含まれています。1人静かに思索にふけっていたり、好きな音楽をひたすら聴いていたり、プラモデルづくりを楽しんでいたりする幸せな孤独もありえます。そうした人にいわせれば、「孤独だっていいじゃないか」「孤独を解消しようなんて余計なお世話だ」という話になってしまいます。

私（前野）が思うに、英語のLonelinessは「孤独感」と訳したほうが一般の人にとってわかりやすいでしょう。そうすると、寂しい、1人ぼっちというイメージがよく理解できると思います。

一方、あまり不幸せではない孤独に相当する英語は「Solitude」（ソリチュード）です。これには孤高のイメージが含まれます。1人であっても幸せな人は、このSolitudeを楽しんでいる人です。そして、孤高（Solitude）であることは幸福度に影響はないというデータもあります。

もっとも、1人であることで孤独感を持つリスクが高まることは否めません。孤高に近い意味での孤独に幸せを感じる人は確かにいますが、一般的には孤独感を覚えて幸福度が下がる人のほうが多いというべきでしょう。

気になる調査結果があります。

OECD（経済協力開発機構）が2020年に発表した調査によると、日本は「社会集団の中で他人と関わる時間が世界一少ない」国であることが明らかになりました（参考文献21）。

また、国立社会保障・人口問題研究所によると、2040年には39・3％が単独世帯になるという調査結果があります（日本の世帯数の将来推計〈全国推計〉2018年推計）。日本は世界でも有数の「孤独な人が多い国」であるようです。孤独に対するなんらかの対応が課題であると考えられます。

孤独感を感じない工夫が大切

（図表6）男女別・ひとり暮らしの人の人づきあい

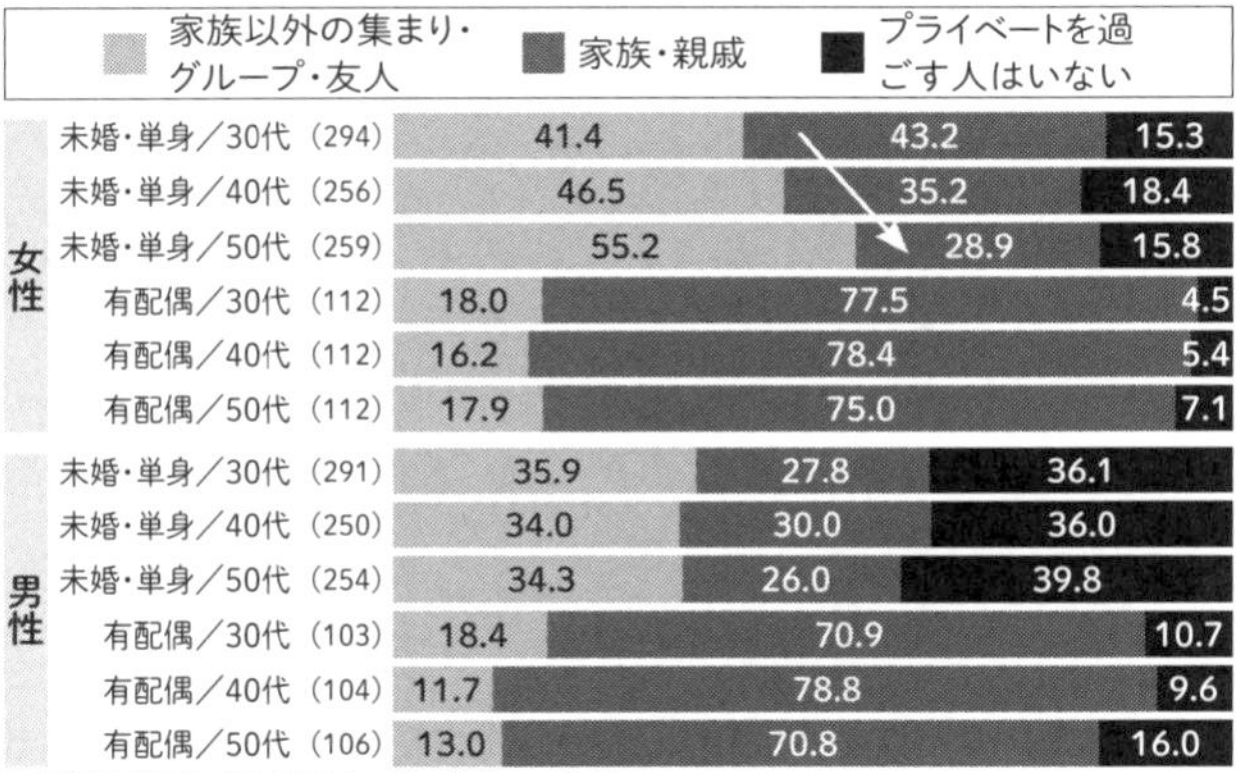

＊「家族・親戚」には「恋人・パートナー」含む。
株式会社リサーチ・アンド・ディベロップメント「単身世帯の生活・意識態度に関する調査」（2017年、一都三県に居住の30-59歳、n=3395、インターネット調査）レポートより作成。

少子化や生涯未婚の人が増えたことで、いわゆる「おひとりさま」が注目されています。加えて、離別や死別後にひとり暮らしをする高齢者も増えています。

前にも挙げた神奈川県寒川町のデータでは、単身世帯より、2人以上の同居家族がいるほうが、幸福度が高いという結果が得られています。とくに、「人生の満足度」に関する質問で大きな差が出ています。

同居人数が多いほど幸福度が上がるという結果も出ていますが、人数が増えてもそれほど幸福度は上がりません。単身世帯だけ幸福度が目に見えて低いのです。

もちろん、これはあくまでも平均値なので、この結果だけを見てひとり暮らしは気の毒だから避けるべきというつもりはありません。ひとり暮らしで幸せに生きていれば問題ありません。ただし、不幸せになるリスクはあるので、趣味や友だち、生きがいを持つように心がけたほうがよいといえるでしょう。

2017年に行われた「単身世帯の生活・意識態度に関する調査」というインターネット調査があり、3395人から回答を得ています（参考文献22）。これは高齢者を対象にしたものではありませんでしたが、ひとり暮らしの男女の違いが浮き彫りになっていて興味深いものでした。

ひとり暮らしの女性は、家族以外の集まりや友だちと過ごす時間が多く、その傾向は30代よりも40代、50代で多いのです。いわば、1人で生きていく覚悟を決めているイメージです。しかし、男性のひとり暮らしの高齢者にはそうした様子はあまり見られず、何ら手を打つことがない、あるいはできないケースが多いようなのです（図表6）。

老年的超越によって、高齢者は1人であることに強くなっていく傾向はあります。孫の顔は1年に1回見るだけで十分だという人も多いといわれています。それでも問題がないというわけではありません。孤独であることの精神的、肉体的なリスクはつきまといます。

できれば、そうした状況にある人、とくに男性が気軽に立ち寄れる場所や、無理せずに弱いつながりをつくれる機会があればいいのですが、残念ながら今の日本ではそのような場所は極めて少ないのが実情です。

逆に、同居家族が多くても孤独感を抱くことがあります。もしかすると、こちらのほうが深刻かもしれません。例えば、二世帯で住んでいても食事が別で、高齢者が1人寂しく食べるのが常態化していたり、下手をするとネグレクト（介護や世話の放棄）になっているケースもあります。それで孤独感を持つことは、ひとり暮らしより危険かもしれません。

ひとり暮らしなら、そこそこ福祉の目が届き、周囲の知り合いも声をかけやすいのですが、家族がいると遠慮して声をかけにくい面があります。また、よほどの状況でない限り、他人が見ただけでは孤独感はわかりませんから、見逃しがちです。

同居家族がいて孤独感を持つ人を、どのようにして見逃さないで救えるかは1つの課題です。友人やご近所さんが遠慮なく声をかけられる社会になるべきですね。

「結婚しているか」より「最良の友がいるか」

「結婚は人生の墓場」という表現があります。これを聞いただけで、結婚したくなくなる人もいそうです。しかし、調査結果によると、日本でもアメリカでも、どこの国でも、未婚の人よりも結婚している人のほうが幸福度が高い傾向があります。

実は、「結婚は人生の墓場」というフランスの詩人ボードレールの言葉は、もともとの意味を誤訳して伝わったもので、けっして「結婚してもろくなことがない」という意味ではないそうです。出典については諸説ありますが、本来は、「遊んでばかりいないできちんと結婚しなさい。(人生を締めくくる場所である)墓のある教会で」という意味の言葉だったというのが定説のようです。

もちろん、結婚生活のような話は個人差が大きいので、データに一喜一憂する必要はありません。結婚しているほうが幸せと聞いて、「じゃあ、早く結婚しなくては」とあせったり、「離婚しちゃいけないんだ」と必要以上に我慢したりする必要もありません。未婚でも離婚していても幸せな人はいくらでもいます。大切なのは考え方と生き方です。

日本人1500人を対象にして私（前野）が行った調査では、離婚した人の幸福度は未婚の人よりも低い傾向があることがわかりました。一方で、配偶者と死別した人の幸福度は、結婚している人の幸福度と有意な差がありませんでした。死別は寂しいけれども、いい伴侶がいたという思い出があることで、平均するとそこそこ幸福度が高いのでしょう。

結婚と幸福度については、世界規模のおもしろい研究結果があります。いくつもの研究データを総合したメタ分析によると、「パートナーは最良の友」と感じている人が、「パートナー以外が最良の友」という人よりも満足度が高いことがわかりました（参考文献23）。「パートナーが最良の友」が理想だというわけです。もちろん、パートナー以外の友がいることも大切ですし、いろいろな生き方があるとは思いますので、1つの学術研究の結果と捉えていただければ幸いです。

「感謝10倍」で夫婦仲がみるみるよくなる

長年夫婦として連れ添っていると、相手に感謝の言葉を発することが減っていきがちです。妻が仕事から帰って疲れた体で料理をつくってても夫がむっつりしていたり、食後に夫が自慢げに皿を洗っているのに対して「お皿を洗ったぐらいで家事した気になるんじゃないわよ」と怒ったりする夫婦もあるでしょう。

そんなとき、「疲れているのに悪いね。おいしいよ、ありがとう」「お皿を洗ってくれてありがとう」と口にするだけで、雰囲気はずいぶん変わると思うのです。

そうすれば、「いやいや、定年後はもっとやるよ。いつもすまないね」と夫は答えるかもしれません。本当は仲が悪いわけではないのに、コミュニケーション不足で仲が悪い錯覚に陥っている夫婦が日本には多いように思います。

興味深いエピソードがあります。私（前野）が、「職場の雰囲気をどうやってよくすればよいか」というテーマで取材を受けたときのこと。私は担当の女性に対して、「部下や同僚への感謝を10倍にしましょう」という趣旨の話をしました。

すると、それが記事になる前に、その女性からメールが届きました。

「私は夫との間が冷え切っていて、夫が定年になったらどうやって生きていこうかと思っていたところでした。そんなとき、前野さんの言葉を聞いて、感謝10倍を試してみたのです。そうしたら、新婚当時のようなラブラブに戻ったではありませんか。ありがとうございました」

これには驚きましたが、感謝の言葉にはそれほどの効き目があるのだと再認識しました。

また、大学でカップルの幸福度について考えるワークショップを、6回シリーズで実施したことがあります。夫婦やパートナーが50組ほど参加したのですが、それはそれは忘れられない経験でした。

例えば、「感謝を隣の人とシェアしてください」と私がいうと、それぞれの愛の形が多様だったのが印象的でした。しかも、驚くほどみんな仲がよさそうでした。もともとラブラブだったカップルばかりではありません。その変化には圧倒されました。

終わってから感想を書いてもらうと、「実をいうと、最近はずっと仲が悪かったのですが、おかげさまで仲よくなりました」というコメントがいくつかありました。なかには、「別の人にもプロポーズされていて、そちらにしようかと迷っていたのですが、この人に決めました」というコメントもあってびっくり。ドキドキするような素敵なコメントばかりだったのです。

幸福学の「ありがとう因子」の力を垣間見た瞬間でした。

「熟年離婚」して元気になる妻、落ち込む夫

近年は「熟年離婚」という言葉をよく耳にするようになりました。テレビドラマだけでなく、身近でもしばしば話に聞きます。厚生労働省がまとめた「人口動態統計特殊報告」によれば、2020年の全離婚件数は19万3000件で、2003年以降減少しています。しかし、同居期間が20年以上の、いわゆる「熟年離婚」は戦後ずっと上昇傾向にあり、2020年には離婚全体の21・5％を占めるようになりました。離婚したカップル5組に1組以上が熟年離婚という計算です（参考文献24）。

熟年離婚のよくあるパターンは、夫の定年退職をきっかけに妻が離婚を言い渡すというもの。子どもはすでに手が離れており、これからの人生をずっと夫と一緒に過ごすのはごめんだという人が多いようです。

もちろん、どの世代の夫婦でも、離婚によって幸福度が下がることはデータからも明らかです。しかし、熟年離婚ではとくに際立った特徴があることがわかりました。

拓殖大学の佐藤一磨《さとうかずま》教授が、熟年離婚後の夫婦のメンタルヘルスの変化を調査したとこ

（図表7）熟年離婚後のメンタルヘルスの変化

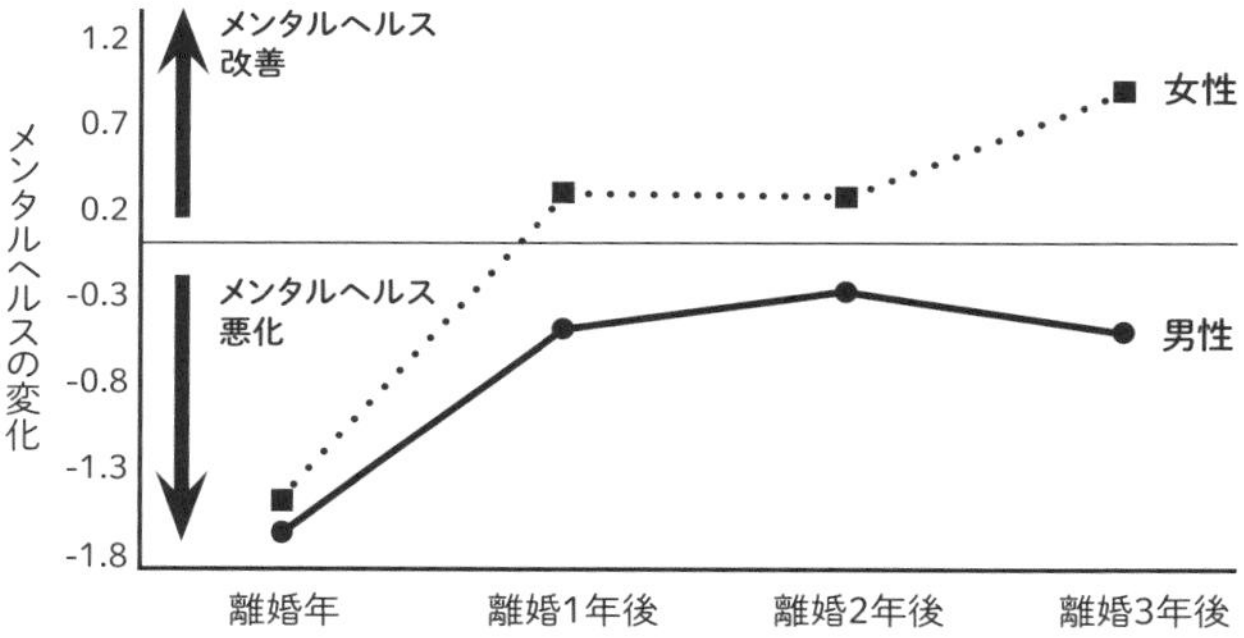

Kazuma Sato(2017) The Rising Gray Divorce in Japan : Who will Experience the Middle-aged Divorce? Does the Middle-aged Divorce Have Negative Effect on the Mental Health? presented at International Population Conference 2017, November 3 ,2017より作成。

ろ、男女とも離婚した年のメンタルヘルスが悪化するものの、その後に違いがありました（参考文献25）。女性は急速に回復していくのですが、男性は回復しないままだというのです（図表7）。

女性のメンタルヘルスが回復するのは、我慢を強いられた結婚生活から解放されて、ストレスが減少したことに由来するかもしれません。経済的に不安がある女性は少なくないかもしれませんが、それ以上に解放感のほうが大きいのだと想像できます。友人との語らいや趣味のサークルなどに、積極的に参加するようになるようです。

それに対して男性のメンタルヘルスが回復

しないことには、離婚後の地域や社会との関わりが関係しているように思えます。趣味の活動や地域行事へも参加せずに孤独感を深めていく人が多く、不健康な生活が続いて抑うつ状態になる傾向が強いようです。

こうした男性の孤独感は、残念ながら今も続く日本の男女不平等社会の影響がめぐりめぐって身に降りかかったものだと考えられます。現在の高齢者にあたる男性が、家事一切を妻がするのは当然だという認識でいた場合、奥さんがいなくなると身のまわりのことが何もできません。そんな生活力のない男性が1人にされて、炊事や洗濯もできないまま、周囲から孤立してしまうのかもしれません。逆に女性は、家事はもちろん、夫への気遣いも無用になって元気になるのでしょうか。

いってみれば、男尊女卑の風潮のもとで楽をしてきた男たちが、離婚でしっぺ返しを食らっている皮肉な図式にも見えます。男性のためにも女性のためにも、早急に差別のない社会を実現すべきでしょう。

若い人の場合は、男性のほうが再婚率が高いので、一度離婚しても再婚すれば幸福度が再上昇します。しかし、高齢になって離婚した人は、現状では再婚しない傾向が高いので、その点からも高齢男性の離婚ダメージは回復しにくいのでしょう。

配偶者との死別がもたらす影響

離婚に比べると、すでに述べたように、死別のほうが幸福度はそれほど下がりません。もちろん、死別直後はガクンと下がりますが、「コーピング」といってストレスに対処しようとする心理的な作用が働き、伴侶を失った悲しみが、いつしか伴侶に対する感謝に変わっていきます。その結果、人にもよりますが、半年から3年くらいで幸福度は元に戻るといわれています。ただし、ここにも男女差がかなりあり、3年後には女性は比較的回復するのに対して、男性は抑うつ状態にとどまるケースが少なくないようです。

124の研究をもとにまとめたメタ分析によれば、配偶者と死別後3年以内に死亡する可能性が、男性は1・27倍、女性は1・15倍と、男性のほうが高いというデータがあります。また、死別した年齢が若いほど男性のリスクは高いのですが、高齢になると男女差は小さくなっていきます（参考文献26）。

私（菅原）は、配偶者を亡くされた方のインタビューをしたことがありますが、複数の方が、死別後の悲しみからの回復に有効だったのは、友人からの誘いだったと話していました。「しばらくはそっとしておいてくれて、そろそろいいかなというタイミングで誘ってくれたのが、とてもありがたかった」とおっしゃっていました。そういう配慮ができる友人がいたことで社会復帰ができて、回復につながったのでしょう。

手を差し伸べる友人の側からすると、声をかけるタイミングを見計らうのは高度な技術だと思います。逆にいえば、そうした心のひだを理解してくれる友人を持つこともまた、幸せに生きるための大切な要素です。昔からの仲間が3、4人いて、「そろそろ声をかけてみようか?」と提案してくれるような人間関係をつくっておきたいものです。

男性の育休は、妻や子どもだけでなく自分のためにもなる

65歳以上のひとり暮らしの男女3000人を対象にした内閣府の調査で、「喜びや悲しみを分かち合う相手」を尋ねたところ、気になる結果が出てきました（参考文献27）。

未婚男性ではほぼ半数、離別男性でも35%、死別男性では25%が「当てはまる人がいない」と答えたのです（図表8）。女性の場合、未婚、離別とも20%弱ですから、かなりの

(図表8) 喜びや悲しみを分かち合う相手

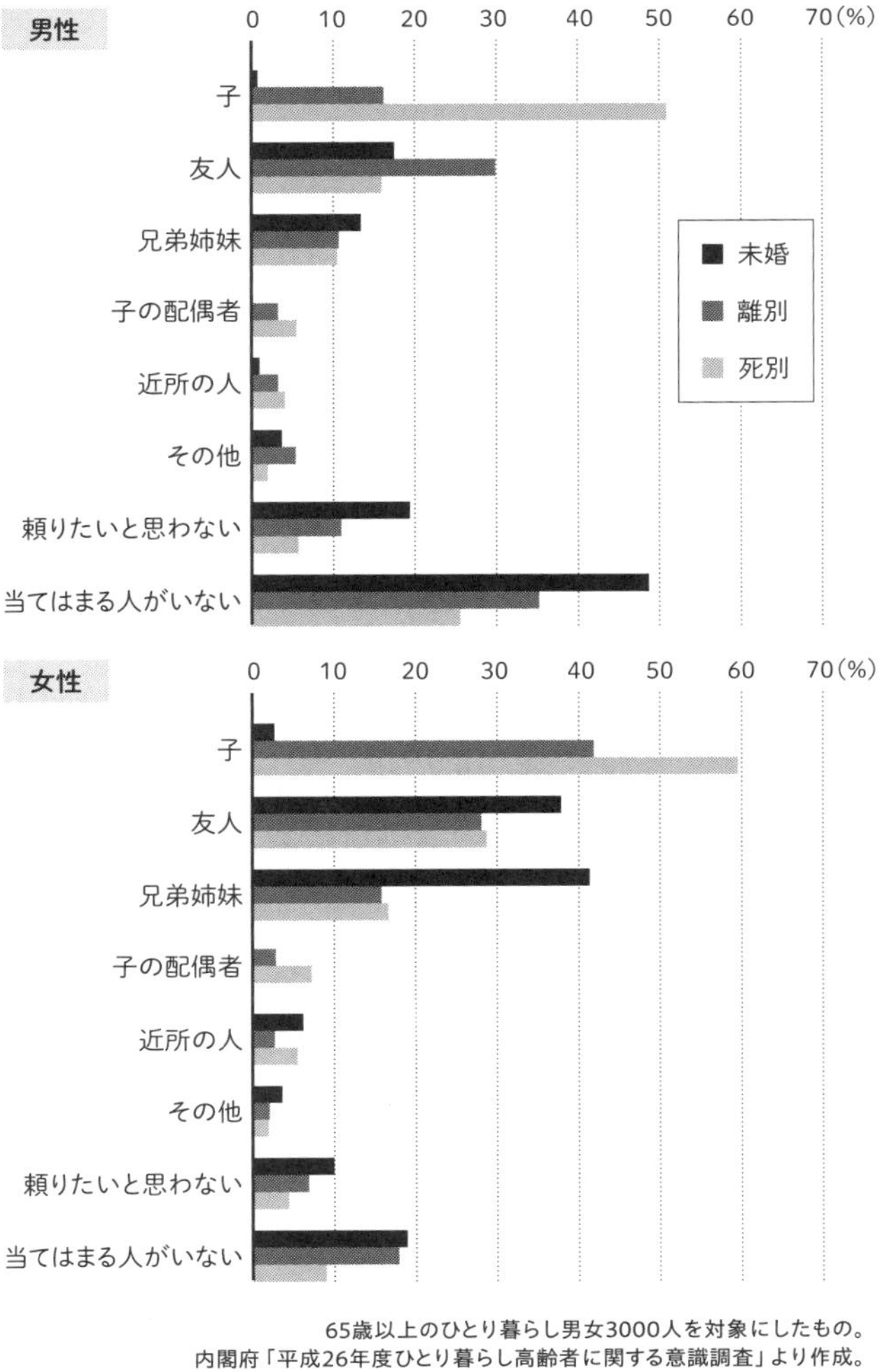

65歳以上のひとり暮らし男女3000人を対象にしたもの。
内閣府「平成26年度ひとり暮らし高齢者に関する意識調査」より作成。

差といってよいでしょう。

喜びや悲しみを分かち合う相手がいないということは、何かあったときに頼れる相手がいないことを意味します。この結果は、専門家の間でも話題になりました。

図表8からは、女性の場合はどんな理由でひとり暮らしになったとしても、友だちや兄弟姉妹など頼る仲間を見つけられている人が多い様子が読み取れます。離別の場合、子が母親についていくケースが多いので、成長した子どもを頼りにすることも多いようです。

ところが離別や死別した男性の場合、結婚生活をしているときは妻1人に頼ってきたためか、その妻がいなくなってしまうと、ほかに頼る人がいなくて孤立してしまうわけです。

これは、もとを正せば、先ほども触れたように男尊女卑の社会の弊害でしょう。男は定年まで競争社会の価値観で生きてきたのに、定年になったら一気にハシゴを外されて、他人と協調する方法がわからない人が多いように思います。競争ばかりが身についていて、他人と仲良くしたり頼ったりすることに慣れていないのかもしれません。

それに加えて、先ほども述べたように、仕事一途の人間だったことで、家事もできず地域にも溶け込めないため、ますます孤立してしまうとも考えられます。

つまり、男女差別や男尊女卑の直接の被害者は女性かもしれませんが、最終的には男性もまた大きな被害を受けているといえるのではないでしょうか。

男女不平等社会なのに女性の幸福度が高いのは、けっして女性が恵まれているからではありません。現役時代の男性は過当競争に巻き込まれており、また、その地位や立場がなくなったときの落差が激しいからなのではないでしょうか。女性も不幸ですが、男性はそれ以上に不幸だというべきかもしれません。男女の不平等をなくすのは、もちろん女性のためでもありますが、男性のためでもあるのです。

例えば、男性も子育てに積極的に参加すれば、子どもを通じた親同士のコミュニティができるチャンスは必ずあります。そこで交友関係が広がって生活力もつくはずなのに、現実は仕事に追われて子育てに関わることができない。それは長い目で見ると、男性にとって気の毒な結果になっているのです。そんな寂しいことにならないよう、早く男女平等社会にする必要があります。

育児休暇をとるのは奥さんや子どものためという面もありますが、同時に男性自身のためでもあることを認識すべきでしょう。そして、女性も男性も若い頃から、居場所をいくつつも持っている社会にすべきなのです。

夫婦の家事分担は「五分五分」が一番幸せ

若い男性のなかにも、家事を分担しようとしない人がまだまだいます。その理由として、仕事が忙しいこともあるでしょうが、自分の両親を手本にしているケースも多々あるようです。「男子厨房《ちゅうぼう》に入らず」という古い考えのもと、母親が家事すべてを仕切っているのを見て育ったために、それが正解だと思って疑問に感じない人がいます。

妻が仕事を持っているのに、夫が家事を分担しないとなると不満は増す一方で、どこかで爆発しかねません。逆に、妻がすべて家事をこなしてしまうと、夫に生活力がつかないままで定年を迎えることになってしまいます。これも最終的には夫が不幸になります。

では、家事はどのように分担するのが幸せにつながるのでしょうか。

私（前野）がある会社と共同で行った調査があります。夫婦の家事分担割合と幸福度の関係について4622人にアンケートをとり、その結果を科学的に分析しました。

各家庭の家事分担の割合は、男性9割から女性10割まで広く分布していましたが、一番幸福度が高かったのは分担の割合が五分五分の夫婦でした。どちらかが大半を分担すればいいわけではなく、ちょうど五分五分くらいが適当なのです。

まだまだ今の日本では少ないかもしれません。統計学的には五分五分がお互いにとって一番幸せだということです。

とはいえ、時間で計るにしても仕事量で分けるにしても、何が五分五分なのかを判断するのは難しいものです。そもそも、2人とも仕事を持っていると、繁忙期にはどうしても家事に割く時間がとれないこともあるでしょう。そんなときは五分五分を原則としつつも、そこからずれてしまうときには、お互いが納得いくように話し合う必要があると思います。それをしないでいると、不満が蓄積してしまいます。逆に、五分五分がいいからといって、無理やり五分五分に収めようとすると、かえって苛立ちの原因にもなりかねません。

さらにいえば、誰しも得意不得意があるものです。料理が苦手な女性もいるでしょうし、片づけができない男性もいるでしょう。そんなときは、夫が料理を多めに担当して、その代わり妻が片づけや掃除を多めにするというのでもいいでしょう。

当たり前ですが、家族が100あれば、100の課題があって、100通りの答えが存在します。大切なのは、きちんとコミュニケーションをとって、その夫婦に一番いいやり方を見つけていくことです。

「孫育て」で幸福度が高まる理由――「世代継承性」

「子育ては大変だったけど、孫育ては楽しい」という話をよく聞きます。子育ての面倒な部分は親がやるので、祖父母は孫のかわいい面だけを見ながら、楽な気分で接することができるからでしょうか。孫と関わることは、高齢者にとって幸福度を大きくアップする要素になります。

もちろん、親が何かの事情で子育てができない場合など、完全な親代わりになって育てる場合もあるでしょう。さまざまなケースがあると思いますが、孫がかわいいということには変わりはありません。

子どもや孫がいない高齢者にとっても、孫世代を育てることは幸福度に関係してきます。血縁がなくても近所の子を預かることで、相手も喜び、自分の幸せにもつながります。講習を受けることで子育てボランティアに登録して、ご近所のお子さんを預かるサポート制度もあります。そんな制度に登録するのもいいかもしれません。

心理学では、人生の発達段階のそれぞれに社会的な課題があるとされ、なかでも成人期から高齢期にかけての課題とされるのが「世代継承性」という概念です。これは、次世代を育て、自らが得てきたものを引き継ぐことを示しています。

ここでいう次世代というのは、自分の子や孫に限りません。地域に住む子どもたちや、職場の下の世代も当てはまります。下の世代を育てることによって、自分の生きてきた道に納得すると同時に、自分が死んだあとにも自分に連なるものが続いていくという感覚が得られるため、幸福感につながると考えられています。

地域や職場で下の世代を育てるのは非常に大事なことであり、中年期から高齢期にある人にとって幸福感を得る大切な要素でもあるのです。

お盆と正月は、幸福度を高めるチャンス

子や孫と対面で接することは、もちろん世代継承性を感じる1つの手段です。しかし、離れて住んでいるなどの理由で、なかなか子や孫に直接会えないケースもあるでしょう。

そんなときでも、頻繁《ひんぱん》にコミュニケーションをとることによって、幸福度を高めることができます。

私（前野）の知り合いから具体的な体験談を聞きました。コロナ禍のもとで、毎日、遠隔地の母親にテレビ電話したという女性の話です。実は、これまでは母親と距離を感じていたのだとか。とくに仲が悪かったわけではないのですが、どこかしっくりこない仲だったといいます。

それが、毎日電話するようになって、「今では兄弟姉妹のなかでも、私が一番仲よしです」と喜んでいました。直接顔を合わせているわけではありませんが、頻繁に顔を見て話すことで信頼感が芽生えたのだと思います。ネット環境が発達したことで、相手の顔を見ながらコミュニケーションがとれるようになったのは、非常に喜ばしいことです。もちろん、テレビ電話でなくても、メールやＬＩＮＥなどでつながることでもいいのです。

親子ではない親戚づきあいならどうかといえば、頻繁に会う機会はないかもしれませんが、例えば年1回は挨拶するくらいのつきあいも重要です。前にも述べたように、弱いつながりは高齢者の幸せに寄与するからです。

そういう意味では、年に1回、2回でも、あるいは3年に1回でも、法事だけでも会うというのは幸福度を高めるための要素になります。多様な知り合いがいたほうが幸せだというデータがありましたが、遠方に住むたまにしか会わない親戚は、まさに普段会っている家族や友人とはまったく別のタイプの知り合いです。しかも、そうした人たちと会って話すことで、自分のルーツを垣間見ることができます。「先祖が命をつないできたおかげで、私たちがいるんだ」という意識も生まれてくるでしょう。

盆暮れにわざわざ遠くまで行くのは面倒かもしれませんが、そこでたまにしか会わない親族と会うことも幸福度を高めるチャンスなのです。

移住するなら早いほうがいい

親が高齢になると、親子で同居するために、住み慣れた町から親が引っ越すというケースもよくあります。実は、私（前野）の家族がそうでした。

私の両親が広島から横浜の二世帯住宅に引っ越してきたのは、父が60代、母が50代後半のときでした。現在、すでに父は亡くなり、母は80代半ばになっていますが、結論からいうと「早めに引っ越しておいてよかった」という感想に尽きます。

母は広島に友だちが多くいたので、離れがたかったようです。父は大学時代には東京に住んでおり、東京にも友だちがいたため、むしろ喜んでいました。とはいえ、2人とも新しい生活に慣れるまでには時間がかかり、寂しそうな様子もあったので、「いやいや、ここなら孫の顔も見られるし、いいじゃない」と当初は懸命に慰めていたものです。

それでも、2人でグラウンドゴルフを楽しんだり、趣味を通じて知り合いが増えたりしているうちに、徐々になじんでいったようでした。

そして5年ほどたったとき、母がふと、「何だか、ずっとここに住んでるみたいね」と口にしたのをよく覚えています。ホッとしました。友だちがたくさんできて、2人の孫もちょうどかわいい盛りでした。今ではすっかり地元になじんで、もう幸せいっぱいです。

私の場合、幸いにもうまくいったのですが、それは夫婦ともに移住したのがよかったのかもしれません。よく聞くのは、両親のどちらかが亡くなって、ひとり暮らしが心配だから同居するというパターンですが、そうなると高齢になってからの単身での移住になってしまいがちです。

私の家の場合、妻と母は仲よくやっています。しかし、気心の知れた子どもとの同居、あるいは二世帯住宅とはいえ、子どもの配偶者とうまくいかず、孤立してしまうケースもよく耳にします。そのような場合にも、夫婦2人での移住なら、孤独感を持つことは少ないと思います。ですから、新しい土地に移住をするなら、なるべく早く、可能なら夫婦揃ってのほうがよいでしょう。

知り合いには、80代の母を東京に呼び寄せようとしたところ、「都会なんか嫌だ」といって断られたという人がいます。私の場合も、もし父が亡くなってから70代後半の母だけ呼び寄せようとしたら、嫌がられたかもしれません。

移住を考えるときには、その土地柄も考慮に入れる必要があります。移住者をオープンに受け入れてくれる地域もあれば、閉鎖的な地域もあります。可能なら、いきなり移住するのではなく、まずはお試しで仮移住してみるのがいいと思います。もっとも、元の家を残したまま新しく家を借りるとなると、コストがかかるのが難点ではあります。

いずれにしても、ご近所のコミュニティは幸福度に深く関係してきますので、移住前の下調べは慎重に行うに越したことはありません。

コラム　世界で一番幸せな国はどこか

世界で一番幸せなのはどの国の人なのか、日本は全体の何位なのか——そんなランキングがよく話題にのぼります。国別の主観的幸福度ランキングを毎年発表している「World Happiness Report」の２０２３年版によると、上位５カ国は次のような順位になりました。

- 1位　フィンランド
- 2位　デンマーク
- 3位　アイスランド
- 4位　イスラエル
- 5位　オランダ

上位３カ国はいずれも社会保障制度が充実して格差が少なく、犯罪率が低いという共通点があり、フィンランドは6年連続の首位となりました。日本は47位で、近年少しずつ上昇していますが、まだまだ低いといわざるをえません。ただ、この順位だけを見てがっかりするのは性急に過ぎます。

この調査では、アンケートによって国民の主観的幸福度を測るだけでなく、1人当たりの国内総生産、社会的支援の充実度、健康寿命、人生の選択における自由度、他者への寛容さ、国への信頼度も算出しています。

日本の順位が低めな理由として、寄付活動などのデータをもとにした「他者への寛容さ」や「国への信頼度」が低いことも関係しているようです。

ただし、主観的幸福度の国際比較には難しい点があります。

「あなたは幸せですか？」と聞かれたとき、日本人を含む東アジア人は「とても幸せ」「とても不幸」という両極の選択肢を避けて、「まあまあ幸せ」「あまり幸せではない」「普通」などを選びがちです。しかし、欧米人の多くは、そんな謙遜や遠慮はしないで、ある程度幸せなら「とてもハッピー」と強気に選ぶ傾向があります。そんな文化的な違いがあるので国際比較は難しいのです。

ところで、国民の幸福度というと、ヒマラヤの山国ブータンを思い浮かべる人がいるかもしれません。一時、ブータン国民は世界一幸福だとメディアで取り上げられましたが、それは実情とちょっと違います。

ブータンは幸福度が高いのではなくて、幸福度を政治目標として取り入れている国です。GNH（Gross National Happiness／国民総幸福量）という概念に従って、伝統文化や環境を大切にした幸福度の向上を目指しているのです。

そして、ブータンでは独自のアンケートを行っています。国民が、「とても幸せ」「幸せ」「不幸」の選択肢から選んだ結果、90％以上が「とても幸せ」と「幸せ」を選んだために、幸福な人が多いと注目を浴びたわけです。しかし、World Happiness Reportで調べてみると、ブータンは日本より下位になってしまいます。要するに、幸福度の国際比較は、アンケートの聞き方や指標の選び方でずいぶん変わってくるのです。

ですから、メディアにあおられてランキングの結果に一喜一憂することよりも、足元の自分自身の幸せについて考えることのほうが有意義で建設的だというべきでしょう。

2章

お金の「多さ」より「使い方」が幸せの分かれ道

「お金」の老年幸福学

「フォーカシング・イリュージョン」――年収1000万円で幸福度は頭打ち!?

老後に備えて、お金はあればあるほど幸せになれると多くの人が考えていると思います。年収も500万円よりは1000万円、1000万円よりは2000万円のほうが幸せであり、資産も1億円よりも10億円の人のほうが幸福度が高いと考えている人は多いことでしょう。

ところが、どうやら必ずしもそうではないようなのです。

1つの理由として、お金が地位財であることが挙げられます。序章で、財産には地位財と非地位財があると述べましたが、お金は地位財であるため、それを手に入れても幸せが長続きしないのです。

もう1つの理由が、一定以上のお金を手に入れると、それ以上はお金が増えても幸福度が頭打ちになる「フォーカシング・イリュージョン」という現象があることです。これを最初に発表したのは、2002年にノーベル経済学賞を受賞したダニエル・カーネマン教授でした（参考文献28）。

（図表9）年収7万5000ドル以降の幸福度は変わらない

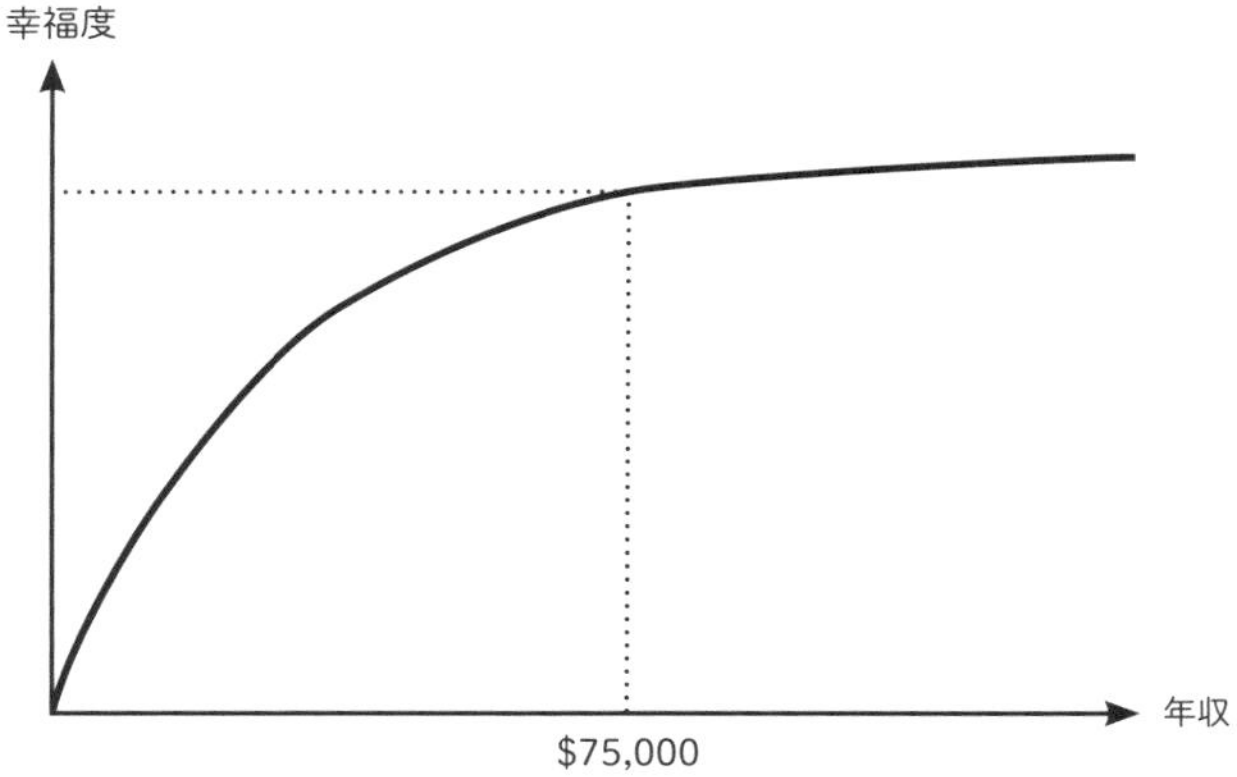

収入が高くなればなるほど、幸せを感じるだろうとは誰もが想像しますが、そうではないというのです。調査会社ギャラップが2008年から2009年にかけて45万人のアメリカ人に対して実施した調査（Gallup-HealthwaysWell-BeingIndex）のデータを分析した結果、7万5000ドルまでは年収が増えるにしたがって幸福度も上がっていくものの、それを超えるとほとんど上昇しなくなることがわかりました（図表9）。収入だけでなく、資産や貯蓄額についても同じ傾向があるという研究結果もあります。

「フォーカシング・イリュージョン」を直訳すると「目標焦点化の幻想」といったところ

でしょうか。わかりやすく言い換えると、「所得のような地位財を得ることは必ずしも幸福に直結しないのに、人はそれらを目的にしてしまいがちだ」ということです。

年収いくらまでが幸福と相関するのかは研究によって大きく異なり、1万ドル台から10万ドル台までまちまちです。7万5000ドルという数値は、あくまで目安と考えてください。

「フォーカシング・イリュージョンは日本にも当てはまるのか?」という疑問があるかもしれませんが、私（前野）の研究室が日本人1500人を対象に行った調査でも、年収の高い層では、年収と感情的幸福には相関がありませんでした。

カーネマン教授が導き出した7万5000ドルを日本円に直すと、そのときの為替レートによって違いますが、大ざっぱにいって1000万円くらいでしょうか。

ただし、アメリカの平均年収は6万ドル台ですので、7万5000ドルはその少し上です。

では、なぜ平均年収を超えると、幸福度が上昇しなくなるのでしょうか。

経済的に思わしくない生活状況では、少しの年収アップでも幸福度は上がります。しかし、ある程度、身のまわりにものが備わると、それ以上アップしても喜びは感じにくくなるのです。もちろん、お金はないよりあったほうがいいのですが、あればあるほどいいというわけではなく、そこから得られる幸福度の上がり具合は鈍ってしまうのです。これは、収入についても資産についても同じことがいえます。

むしろ、お金持ちにいわせると、資産が多くても厄介なようです。悪い人が近づいてきたり、遺産相続で家族の仲が悪くなったりと、不都合なことが起きてしまいがちです。あったらあったなりの悩みがあるのですね。

1章の最後では、国別の幸福度ランキングを紹介しましたが、格差の少ない国が上位に入ったのは、ここに大きな理由があります。アメリカのように貧富の差が大きい国では、多数派である貧しい人は不幸ですし、一部の金持ちはとくに幸せになれるわけではないので、平均値が低くなってしまうのです。

日本も格差社会になりつつあるので、今後は順位が上がりにくいかもしれません。

定年後も働き続けることで得られるもの

収入が一定以上増えると幸福度が頭打ちになるといっても、そこまでお金に恵まれた人は限られています。「年金だけでは暮らせないから、どうしたらよいのか」と悩んでいる高齢者予備軍が大半ではないかと思います。単純に考えて、カツカツの生活よりは収入が多いほうが幸せであることは容易に想像できます。

生活費に加えて自由に使えるお金が多少はないと、人づきあいもできませんし、趣味も続けられません。お小遣い程度であっても、年金にプラスした収入があることで、気分も楽になってくるはずです。

実際のところはどうなのか、55歳以上で働いている人を対象にして、収入のある仕事をしている理由を尋ねた調査があります。

「収入が欲しい」と答えたのは、55～59歳で79％なのに対して、年齢が高くなるにつれて徐々に減り、65歳を過ぎると半分以下になり、75歳以上では30％にとどまりました。それとは反対に、「おもしろい・活力になる」「体によい・老化を防ぐ」と答えた人の比率が年を重ねるに連れて増えていきます（参考文献29）。

つまり、65歳以降になると、収入もあったほうがいいけれども、プラスアルファとして健康や楽しみを目的に働いている人が多いことがわかります。

若いうちは、遠くに旅行に出かけたり、たまには高級レストランで食事もしたいので、お金がそこそこ必要でしょう。しかし、年をとるにつれて体力も低下しそれほど頻繁に外出しなくなり、また欲望が変化していくことで、少ない金額でも十分に楽しめるようになります。ですから、収入面を見れば、ガツガツ稼ぐ必要はなく、年金にプラスしたある程度のお金が手に入れば幸せと感じる人が増えるのでしょう。

むしろ、お金よりも健康や気分転換を考えて、働くこと自体を楽しむくらいの気分で、アルバイトでもパートでもやってみることをおすすめします。というのも、私（前野）の同期のなかには60歳で早々に退職し、年金支給年齢まで貯金でつないでいくという人がいるのですが、急に老け込んでしまったので驚きました。

仕事を続けている人のほうが若さを維持しているようです。仕事を続けて適度の緊張状態を保っていると、精神的にも肉体的にも若さを維持することができ、それが最終的には長生きにつながるのではないかと思います。

「お金のために働く」では苦しくなる

生きるためにお金は必要です。しかし、同時にお金は地位財なので、ただ持っていても幸せは長続きしません。ですから、お金を稼ぐことが働く目的になってしまうと、幸せになれないのです。

株式会社パーソル総合研究所と私（前野）の研究室が共同で行った「働く人の幸せに関する調査」が、それを裏付けています。働く幸せを実感している人たちを6つのグループに分けて、いつまで働くのかを尋ねた調査です（参考文献30）。

すると、「働く幸せの実感が最も低い」グループでは、「働き続けなくてはいけない」と考える年齢が65・5歳なのに対して、積極的に「働き続けたい年齢」と考える年齢は57・6歳にとどまりました。つまり、その間の7・8年は、「働きたくないけれども働かなくてはならない」年数、言い換えれば「やむをえず働く年数」ということになります。

ところが、働く幸せの実感が高い人たちは、「やむを得ず働く年数」が短くなります。

（図表10）働き続けたい／働き続けなくてはいけない年齢への影響

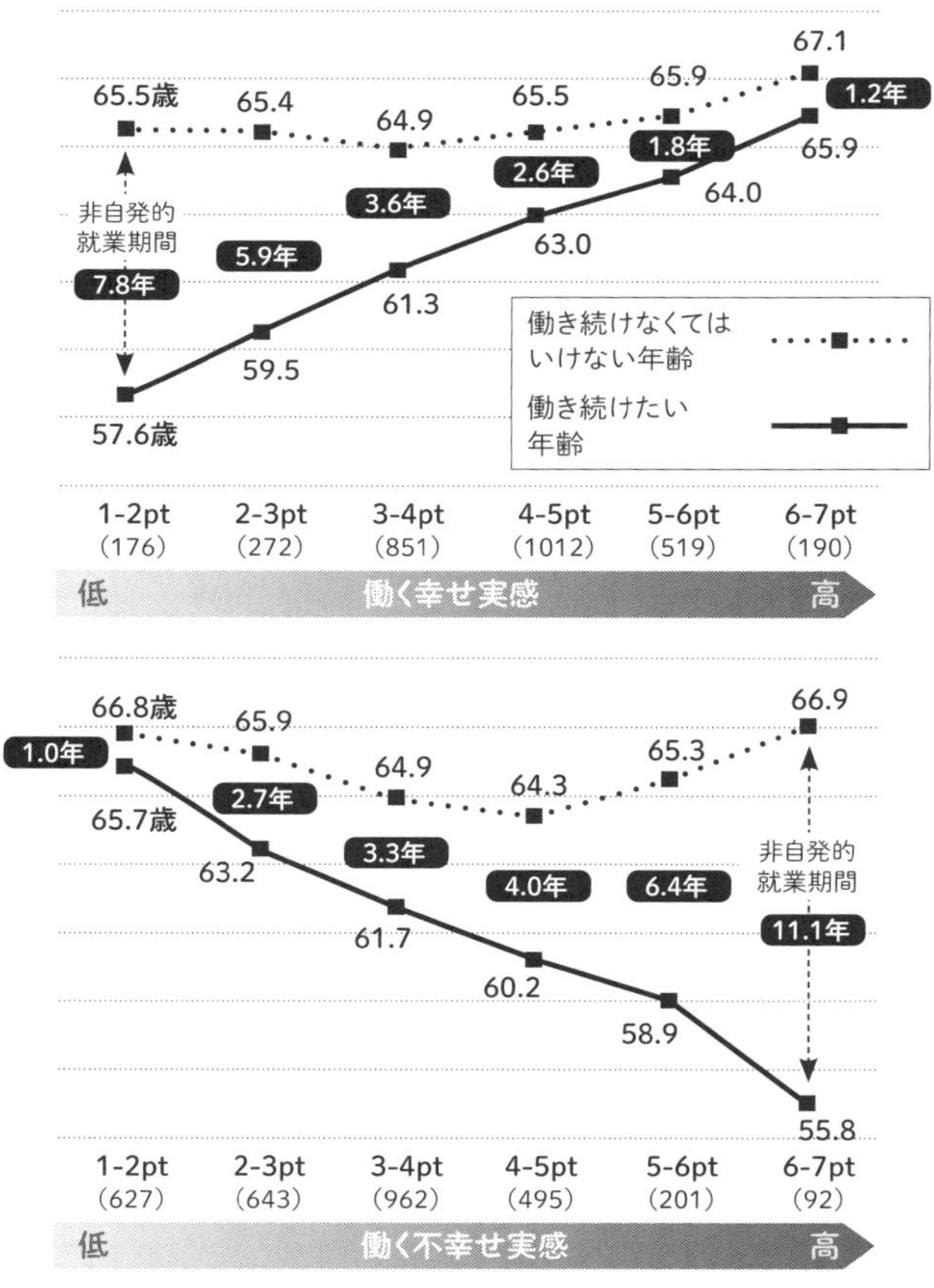

パーソル総合研究所×前野隆司研究室「働く人の幸せに関する調査」より作成。

「働く幸せ実感」が高まるほど「働き続けたい年齢」が高まり、「働き続けなくてはいけない年齢」とのギャップが小さくなる。
「働く不幸せ実感」はその逆の傾向を示している。

「働く幸せの実感が最も高い」グループでは、「働き続けなくてはいけない」と考える年齢が67・1歳なのに対して、「働き続けたい年齢」と考える年齢は65・9歳になり、その差はわずか1・2年でした（図表10）。

つまり、働くことが幸せだと感じている人たちは、積極的に長く働いていたいと考えています。それに対して、働くのは不幸だと思っている人たちは、しかたなく長く働くことになるだろうと想像しているわけです。

しかたなく働く理由は、もちろんお金がメインでしょう。お金のためだけに「あと何年も働かないと」と思っている人は幸せではないのです。では、どうすればよいのでしょうか。

1つの方法は、お金以外の目的や楽しみを持って仕事をすることです。老後はフルタイムで月30万円も稼がなくていいでしょうから、何か自分に合ったことを見つけて、週に何時間か働くことを考えてみるのはいかがでしょうか。月に3万円でも手に入れればいいと考えて、新しいことに取り組めれば理想的です。

アルバイトやパートでもいいと思います。また、今の時代はネットを通じて元手をかけずにいろいろなことを行えますので、意外なことが新しい仕事のネタになりえます。趣味のものづくりや自分が持っているノウハウが小遣い稼ぎになる可能性もあります。少ない金額からでも何かをはじめてみるのも1つの手です。

最初のうちは月1万円や3万円くらいにしかならないかもしれませんが、「うまくいけば100万円以上になるかも」と考えたら、ワクワクするではありませんか。うまくいかなくても、「元手はほとんどかかっていないし、自分で楽しんでいるからいいや」と思えます。

本当に生活がカツカツならば別ですが、そうでなければ、「生活はなんとかなる」と考えて気持ちに余裕を持てるかどうかが、高齢者の幸福度を左右するポイントだと思います。幸福学の「なんとかなる因子」です。

人のためにお金を使うと、自分も幸せになる

幸福感を持って仕事を続けるには、お金の使い道を考えることも大切です。お金という地位財を持っているだけでは幸せは長続きしませんから、自分が幸せになるような使い方

をしたいものです。

お金の使い方については、おもしろい実験があります。カナダの社会心理学者エリザベス・ダン教授を中心としたブリティッシュ・コロンビア大学のチームが、お金を自分のために使った場合と、他人のために使った場合とで幸福度を比べる実験をしたのです（参考文献31、32）。

アメリカ人630人を対象にした実験では、お金を自分のために使ったときと、他人のために使ったときの幸福度をそれぞれ5段階で評価してもらったところ、他人のために使ったときのほうが、幸福度が高いという結果が出ました。

また、カナダの大学生にお金を手渡し、その日のうちに使うよう指示した実験では、他人のために使ったグループのほうが、自分のために使ったグループよりも幸福度が高くなりました。

高齢者で考えてみると、先ほども述べたように、自分のためにお金を使う機会が減ってくるので、他人のために使うことが増えてくるかと思います。

では、実際に誰に使っているのかといえば、1980年代から日本全国の高齢者を追跡調査しているデータがあります。その2017年の調査によると、過去1年間の子ども・孫とのお金のやりとりについて、どの年代の高齢者でも、「子ども・孫へ支援した」と答えた人が、「子ども・孫から支援してもらった」と答えた人の2倍前後あったのです（参考文献33）。

大きな金額ではないものの、子や孫のためにお金を使うことで幸せを感じることができるのだと思います。祖父母が孫のランドセルを買ってあげたいと考えるのも同じ理由でしょう。そして、利他的行為そのものに幸せを感じるだけでなく、子や孫が喜んでいる姿を見て、さらに幸福感が高まっていることでしょう。

海外に比べて寄付する人が少ない日本

先ほど紹介したエリザベス・ダン教授とブリティッシュ・コロンビア大学のチームは、もう1つ実験をしています。それは、会社の従業員のボーナスの使い道を調査したものです。ボーナスの額は3000ドルから8000ドルで、その使い道として社会のために使った額が大きい人ほど、幸福度が高いことがわかりました。

ボーナスの3分の1を社会のために使った人は、社会のためにまったく使わなかった人よりも、幸福度が20％も高かったといいます。ボーナスの金額ではなく、使い道のほうが幸福度に大きく関係していたのです。

社会貢献や慈善事業など、社会のためにお金を使う人は、金銭的豊かさにかかわらず、自分自身のために使う人よりも幸福度が高いのです。

「自分は貧乏なので、他人のために使う余裕がない。人のために使えるのは余裕のある人だけだ」と思う人もいるでしょう。しかし、こと幸せに関しては、お金があろうとなかろうと、お金に縛られていない人のほうが幸せを手に入れやすいのです。

ただ残念なことに、日本では寄付がなかなか集まらないといわれています。私（前野）は高齢者の寄付や遺贈を推奨する協会に関わっているのですが、どうも思ったほど集まりません。どうやら、喜んでいる人の顔が見えにくいところに難点があるようです。

今後は、寄付にしてもクラウドファンディングにしても、喜ぶ人の様子を可視化すれば、もっとお金が使われていくようになるかもしれません。

海外に比べて日本で寄付する人が少ないのは、宗教も関係しているように思います。例えば、キリスト教では、「金持ちが天国に入るのはラクダが針の穴を通るより難しい」と聖書に書かれています。これは最近では、金持ちになってはいけないということではなく、お金を儲けても執着することなく周囲に分け与えようという意味であろうと解釈されています。ですから、アメリカの超金持ちは積極的に寄付をすることによって救われたいという潜在的な気持ちがあるのでしょう。

日本では、金持ちがドンと大金を寄付するというよりも、どこかで災害が起きたときに、一般の人々が手持ちのお金を持ち寄って、それをまとめて送るという形が多いように思います。

今すぐできる！　お金をかけずに幸せになる方法

自分のためにお金を使う場合でも、同じ金額をかけるなら、幸せを感じられる使い方をしたいものです。そこで、私（前野）がおすすめする「お金をかけずに幸せになるワザ」を紹介しましょう。

気心の知れたメンバー3人で定期的に食事会をしたら、毎回食事代をごちそうし合うのです。例えば、初回は「オレがおごるよ」といって私が全額を支払う。次は別の人が「今回は僕が出そう」と全額を払う。3回目には、また別のメンバーが払うというように、順繰りに出し合うのです。

人におごるのは気分がいいことですし、おごられたほうも得した気分になれます。3人ならば、3回食事会を開けばプラスマイナスゼロ。お金の出入りだけで考えれば、割り勘で3回食べるのと同じですが、プラスして幸せも味わえます。

ここで大切なのは、細かい金額まで考えないこと。「前回は4000円出してもらったから、今回はこちらも1人4000円にしなければ」などと考えると煩《わずら》わしくなってしまいますし、そもそも利他的な気持ちになれません。

現に、このおごり合いをしていた高齢者グループを知っているのですが、煩わしいからやめましたという人がいました。まあ、性格にもよるのでしょうが、煩わしいのだったら無理に続ける必要はないと思いますが、幸せになるチャンスを逃しているので、少しもったいないですね。

ご近所さんや知り合いにお土産を配るのも、同じような発想ではないでしょうか。面倒だと思う人も多いでしょうが、私（前野）の妻はこれが大得意。海外旅行になると、お土産を入れる専用のスーツケースを現地で調達するのです。どうするのかと思って見ていると、そこにお土産をギュウギュウに詰め込むではありませんか。

「そんなにお土産をあげてどうするの？」と昔からハラハラして見ていたのですが、驚くことに、そのお土産が倍になって返ってくるではありませんか。お土産を通じて人間関係をよくしておくと、必ずいい結果が戻ってくるのです。それは、目に見えるモノで返ってくることもありますし、目に見えない便宜やら心遣いなどで返ってくることもあります。

もちろん、妻は見返りを求めてやっているのではありません。だからこそ想いが伝わり、倍返しになるのでしょう。

ケチケチすると人間関係が悪化しますが、やや奮発するくらいにしておくと、いろいろな人間関係がうまく回り出すのだと、私は妻から学びました。

何も高価なお土産を買う必要はありません。手軽な品を近所の人に渡すことでゆるいつながりができていると、何かあったときに助け合いがしやすくなります。例えば、「友だちが来るから、2時間ほどここに車を駐めていいかな」といえば、「いいわよ、いいわよ」

となるでしょう。そうでないと、「えー？　うちの車が出にくくて困るんだけど」となってしまうかもしれません。

見返りを期待せず、おおらかに使う。人間関係をスムーズにして、幸せに生きる手立てとして、うまいお金の使い方だと思います。

老後のお金の不安を乗り越えるヒント

先ほど紹介した「おごり合い」に似た仕組みが、昔の日本にありました。仲間内でお金を融通し合う「講《こう》」です。

例えば、江戸時代に大人気だった伊勢参りは、費用がかかるので、とてもではないけれど普通の村人が個人で行けるものではありませんでした。そこで、村のみんなで少しずつお金を貯めて費用をつくり、1年に2、3人ずつが旅に出るのです。翌年になってまたお金が貯まると違うメンバー2、3人が行き、さらにその次の年も……ということで、最終的に全員が幸せになる仕組みです。

こうした仕組みを現代に復活させることはできないものでしょうか。

そう考えるのも、「老後資金には1人2000万円が必要」とメディアで騒がれたことがきっかけでした。はたして、本当にそれだけのお金を持っている人は、どれだけいるでしょうか。1人当たり2000万円が必要なら、10人が住んでいるアパートでは合わせて2億円を持っていなくてはならない計算になります。それはあまり現実的ではありません。

では、昔の村社会はどうだったかというと、とてもそんなお金があったとは思えませんが、それでも老後はうまく回っていました。平均寿命が短かったという面もありますが、少ないお金をみんなで使うことによって、まずまず誰もが幸せに余生を送れたのです。

なぜそれができたかといえば、いざというときに困った人がお金を使ったり、お金を使わずに助け合ったり、ということが行われていたからです。

ところが、現代では都市化、核家族化、ひとり暮らし化が進んでしまったために、そうした助け合いの習慣や仕組みがなくなってしまいました。「隣人や親戚の世話にはなりたくない」という人が増えたことで、その代わりにお金を個人で貯め込む必要が出てきてしまったのです。いわば、幸せをお金で買おうとして、実は人間関係によって生まれる幸せを失っているのが、今という時代です。

結局のところ、十分なお金を貯められる人は限られており、多くの人が老後資金に不安を抱えているのが現実です。もし、「講」のような仕組みや助け合う習慣を復活できれば、困ったときに助け合えるので、1人ひとりがお金を貯め込まなくても、みんなが幸せになれると思うのです。

若い人はというと、シェアハウスやコレクティブハウスなど、家賃を安くして人間関係が濃くなる生き方を選ぶ人が増えています。高齢者にも、うまく助け合えるような仕組みがつくれれば、高齢者が幸せになると同時に、お金を楽しくどんどん使えるようになって日本の経済もかなり活性化するのではないでしょうか。そんなことができないものか、私（前野）は仲間たちといろいろと試みているところです。

「FIRE」で、人は本当に幸せになれるのか？

一時期、「FIRE」（ファイア）が30～40代の人たちの間でトレンドになりました。投資や起業でお金を儲けた人が、仕事をセミリタイア（早期リタイア）してのんびり過ごすというライフスタイルのことです。

しかし最近になって、ＦＩＲＥをやめたという話をよく聞くようになりました。セミリタイアしたものの、つまらなくて働きはじめたという人が多いのです。

私（前野）の知り合いにもいます。大金持ちになってニュージーランドに移住した男性ですが、やることがなく暇でしかたがないといって、3カ月で日本に帰ってきて次の事業をはじめています。

アメリカ人やオーストラリア人は、仕事をやめて丸太小屋をつくったり、好きな趣味に打ち込んだりと、仕事以外にやりたくてたまらないことがあってセミリタイアをしている人が少なくありません。欧米人からは、セミリタイアをやめた話をあまり聞きません。

それに対して日本人は、そもそものんびり過ごすよりも働くのが好きなのでしょうか。自由でのびのびすることに生きがいを感じるのもいいですが、日本人のように仕事や貢献に生きがいを求めるのは、けっして悪いことではないとは思います。

大切なのは、セミリタイアしてから、具体的にやりたいことがあるかどうかでしょう。やりたいことを前もって描いていればよいのですが、それがないために飽きてしまうのです。実は、セミリタイアしたいのではなく、単に長期間休みたいだけなのかもしれません。

これは、定年退職によるリタイアにも当てはまります。

リタイア後の希望を聞くと、「世界一周したい」という人がよくいます。念願かなって世界一周するのはいいのですが、それは1回やったら終わりです。仮に3カ月かけて世界一周したとしても、あとの何十年という人生の過ごし方を考えるべきなのです。

趣味があればともかく、現役時代に仕事一辺倒だったために趣味がない人も多くいます。だからといって、日がなテレビばかり観ているのは、あまり幸せだとはいえません。

重要なのは、現役で仕事をしているうちから、リタイア後の生きがいを設計して、そのときの自分を想像してみることです。

おそらく、現役時代に長く休む経験をしていないので、リタイアに対する憧れだけが募っているのではないでしょうか。憧れているだけなので、具体的にどう過ごすかのイメージができていないから、失敗するパターンが多いのだと思います。

1つの対策として、移住と同じように、1カ月でも3カ月でも長期の休暇をとってみて、仮のリタイアを経験してみるといいかもしれません。そこでボーッとしてみれば、「ああ、これじゃいけない。何か具体的な生きがいを考えるべきだ」と思い当たることでしょう。

企業や政府には、働く人の幸せのために長期休暇をとれる制度を整備してほしいものです。

高齢者だけを対象にしたものではありませんが、ここに興味深い調査結果があります。PwC Japanというコンサルティング会社が、全国約５７００人へのアンケートに基づいて、どんなことに熱中している人が幸せかを調べたデータです（参考文献34）。

その結果をもとにグラフにしたのが図表11で、横軸が平均年齢、縦軸が幸福度を表しています。見ると、30代くらいの若い人は、アイドルの追っかけやテーマパーク、ゲームプレイなどに熱中していることがわかりますが、それらの熱中は意外と幸福度を高めないことがわかります。

一方、高齢になるほど幸せになる熱中が増えてきて、仕事・勉強、自然を楽しむこと、芸術鑑賞などに高い幸福度を感じていることがわかります。

この図から読み取れることは、仕事をやめて何もしないのが幸せというのは間違いで、何か役に立つ仕事や勉強、自分を成長させる活動こそが幸せにつながるということです。

旅行に行くのが定年後の楽しみという人は多いのですが、この図を見ると、旅行に行ってもあまり幸せにならないことがわかります。もちろん、そのときは楽しいのでしょうが、旅行だけで定年後の時間を埋めるのは難しいでしょう。

「お金を目的にしないこと」が幸せの近道

結論として、高齢者がお金を通して幸せになるコツは、お金を目的にしないことです。退職後、苦労したくないからと、お金を貯めることばかりに集中して、何に使うかを考えないでいると幸せになれません。

ここで大切なのは、幸福になるための「なんとかなる因子」です。お金のことは「なんとかなる」と考えて、生きがいややりがいのあることを見つけるのです。お金はそのための手段と考えるほうがいいでしょう。

何をしたいのかがはっきりしないままに定年退職を迎えると、「晴れてお金は貯まったけれど、むなしさだけが残る」ことになってしまいます。

実際に、勤め人をやめて不動産業で成功し、お金には困っていない年配の方を知っていますが、あまり幸せそうではありません。どうやら、趣味がないようなのです。そんな人はどうするかというと、先ほどの熱中度の調査にあったように、仕事や勉強をする人が多

（図表11） 何に熱中する人が幸せか

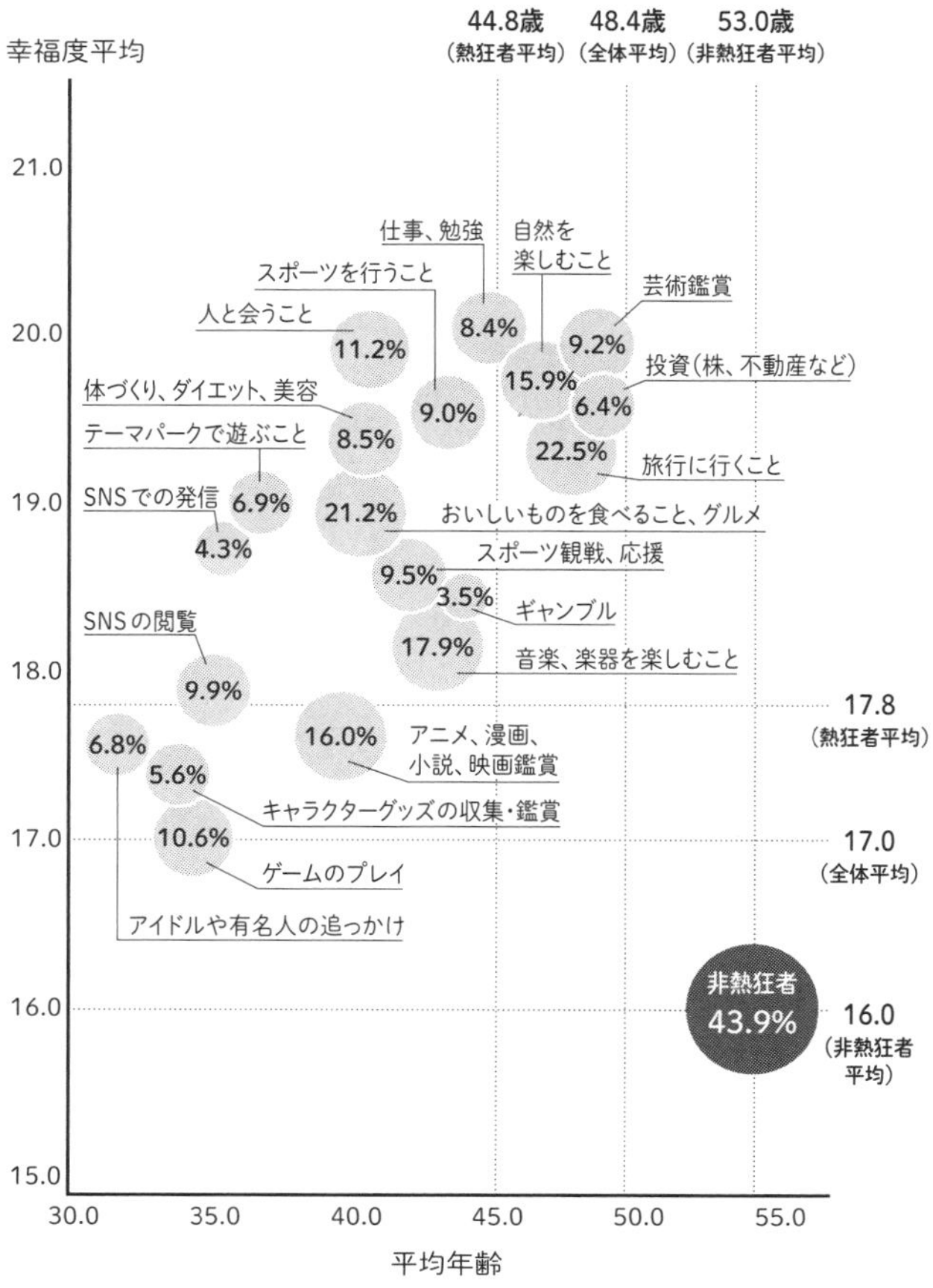

全国熱狂実態・幸福度調査2021（PwC）より作成。

いのです。

仕事や勉強は自分が成長することであり、ひいては世の中の役に立ちます。誰かの役に立つことは、とくに高齢者にとって幸福度をアップさせる重要な要素です。

退職したら仕事はできないと考えるのは誤りです。会社をやめても仕事はできます。日本では会社と仕事が同義語のようになっていますが、1人で起業することはもちろん、地域や社会に役立つボランティア活動も立派な仕事です。それで月に3万円しか稼げなくても、もしかしたら1銭にもならなくても、社会に役立つ、れっきとした仕事です。

現在は、先行きが不安だからと、NISAがいい、いやiDeCoがいいといって、投資でお金を増やすことをメディアや企業があおっています。もちろん、お金の不安をなくしたい気持ちはわかりますが、では、お金の不安がなくなったらどうしたいのか、定年後の人生で何をやりたいのかという議論が、すっぽりと抜け落ちていないでしょうか。

お金さえ貯めれば、なんとかなると考えると失敗します。むしろ、お金はなんとかなるので、残る人生の軸となる生きがいや仕事を意識することが大切です。

先のことはあとで考えよう、と思っていると、あとになって後悔するでしょう。

3章

「人のため」が「自分のため」になる生き方

「やりがい、生きがい」の老年幸福学

「役職定年後」はマインドチェンジが不可欠

定年退職というと、かつてはその後に悠々自適、隠居生活が待っていましたが、今はそうではありません。平均寿命が延びたために、定年後に20年も30年も生きるのがごく普通になってきました。

今や定年退職は第二の人生、あるいは第三の人生への分岐点といったほうがいいでしょう。定年を迎えたときに何を考えて、どのような道を選択するかが、高齢期の幸福度を左右するといっても過言ではありません。

定年後の1つの選択肢として、これまで勤めてきた会社に嘱託社員などとして再雇用される形で勤務を続けるということがあります。

しかし、これには給料がグッと下がるというデメリットがあります。そのためにモチベーションも下がるという人も多いのですが、逆に給料は低くなったけれども幸せだという人もいます。

リクルートマネージメントソリューションズが2021年に公表した「役職定年後のキ

ャリアと満足感」の調査結果によると、役職定年後のやる気について尋ねたところ、全体の6割は一度下がったと回答しました。その内訳を見ると、4割は下がったままでしたが、残る2割の人はやる気が再浮上したといいます。その理由として挙げられているのが、「仕事で成果が上がった」「会社や仕事に対する自分の考えが変わった」などです（参考文献35）。

それまでは昇進や昇給がやりがいだったのを、視点を変えて部下の育成などに価値観がうまく変えられた人は、満足度がそれほど下がらずに働き続けられるという結果も出ています。役職定年後は、収入や周囲からの評価にこだわらないことが大切なようで、そのマインドチェンジができるかどうかが幸福度に関わるようです。

人と比べることなく、自分の生きがいややりがいを大事にする「ありのままに因子」が、幸せにつながるのでしょう。

この結果を見て、意外に満足度が高いと感じるかもしれませんが、もしかすると満足度が低い人は早々に辞めてしまっている可能性もあります。働き続けている人を対象に調査をすれば、満足度の高い人が多く残るので、そのあたりは慎重に判断する必要があります。

私（前野）の友人の1人が60歳で役職定年したのですが、「これからは若い者のために貢献するぞ」と意気込み、課長になった後輩にアドバイスをしたのはいいけれど、前には聞いてくれていたのに、全然聞いてもらえなくて虚しい思いをしたといっていました。それでも年金をもらえるまで給料のために働かなくてはいけないとのこと。実際には、こういう人が多数派かもしれません。

再雇用での収入ダウンが嫌なら、いっそのこと独立すればいいのかもしれませんが、リスクを考えるとなかなか決断できないものです。安全策をとって会社にとどまるなら、自らのマインドを見直すしかないでしょう。

「シニアの先輩」の働き方に学ぶ

定年で再雇用になると、給料や処遇がどうなるかは、前もってある程度は想像できるはずです。しかし実際には、いざ定年になってはじめて具体的なことを知り、ショックを受ける人も多いようです。

定年退職直前になってバタバタするよりも、できれば前々から定年後のことを考えておきたいものです。しかし、50代後半になると、それなりの役職に就いているので、自分のことを顧みる時間は減ってしまいます。目先のことに追われて忙しく働いていると、先のことについて考える余裕がなくなるのも無理はありません。

とはいえ、定年後の人生設計を考える時間は、どこかでつくったほうがいいのはいうまでもないでしょう。自分1人でじっくり考える余裕がないなら、シニアの先輩の働き方を参考にするのはどうでしょうか。社内でも社外でもいいので、再雇用や再就職をした先輩に話を聞ければ理想的です。

もし、社内でそれがシステム化できれば、この上ない福利厚生になるでしょう。つまり、新入社員に対するメンター制度と同様に、定年を前にした社員に対するセカンドライフのメンター制度を構築するわけです。

同時に、そうしたセカンドライフ・メンターを育成するための教育システムができれば一石二鳥です。上から目線にならずにコミュニケーションをとる方法、後輩のやる気を引き出すやり方、わかっていてもあえて口に出さずに成長を見守るテクニックなどのスキルを共有していくのです。

定年後の人が役職定年になる人を指導することによって、役職定年になった人が幸せな定年後を過ごせるのみならず、メンターとなる高齢者のやりがいが生まれて、お互いが幸せになる仕組みです。

そこでコミュニケーション能力が身につけば、将来会社を辞めたあとでも、地域に入ってコミュニティで活躍できることでしょう。

「定期」と「名刺」がなくなったあとの働き方

我慢してまで会社に残りたくないとなると、自分で仕事をはじめるか、別の仕事や趣味を探さなくてはなりません。すると、それまで当たり前だったことが、当たり前でなくなることに気がつくでしょう。

とくに、名刺（肩書）と定期券の2つがなくなるのがつらいと、多くの人が口を揃えます。

現役時代に大企業に勤めていれば、その名刺で取引先が丁重に扱ってくれたかもしれませんが、名刺がなくなればそれが通用しません。社内でも役員の肩書があれば、下にも置かない扱いをされたでしょうが、退職して外の世界に出たら、ただの人です。

ある大企業の元役員で、現在は小さな会社を経営している方から、こんな話を聞きました。その人は、現役時代にパソコンの設定はもちろん、プリンターにコピー用紙をセットするのもすべて秘書がお膳立てしてくれたそうです。それが、定年退職して独立したら、パソコンの電源を自分で入れるところからスタートしなくてはなりません。わからないことだらけで、自分の能力のなさを思い知らされたとおっしゃっていました。

定期券がなくなるのも厄介です。名刺がなくなるのは劇的な変化ですが、定期券がなくなるのはボディブローのようにじわじわときいてきます。

まず、定期券がなくなると行動範囲が狭くなってきます。現役時代の交通費はすべて会社持ちで、ベッドタウンから都心に通っていた人は、飲食や通院などを都心ですませることもできたかもしれませんが、それができなくなります。わざわざ行こうとすると、そのたびにお金がかかります。

ですから、億劫になって地元で過ごす時間が増えてきますが、地元に居場所がないという人も多いのです。地元の飲食店やクリニックに行こうとすると、新しく開拓しなければならず、これもまた億劫です。結局家にこもりがちになってしまいます。

地元に居場所がないと、新しく仕事を探すのも困難を極めます。私（菅原）は、定年退職して次の仕事を探している方々を対象にして、どんな働き方をしたいのかについて聞き取りをしています。答えとして多いのは、好きなことをしたいというのは当然として、長時間かけて職場に通わなくていい仕事をしたい、時間にあまり縛られない仕事したいというものです。

要するに、収入は多くなくてもよく、地元でのアルバイトかフリーランスのようなイメージでしょう。確かにそうしたニーズはあるのですが、住んでいる地域でどうやって仕事を見つければいいのかわからないという人が多いようです。加えて、探し方がわかったとしても、すぐにイメージ通りの仕事が見つかるとは限らず、マッチングは簡単ではありません。

その点、定年前から地元にネットワークをつくっておくと、いろいろな情報が入ってきます。町内会や近所の人との日々の会話、行きつけの飲食店や喫茶店などでの会話から、有用な情報を得ることができるものです。そのためにも、現役時代から地元に居場所をつくっておくことは大切です。

退職によって仕事を介したつながりがなくなる代わりに、自分の新しい居場所をつくるのが幸せになる大きなヒントです。

定年後の地元での居場所の探し方

仕事を探す場合に限らず、1章で述べたように、人とのつながりを保つうえでも、退職後は居場所を見つけることが大切です。では、すでに定年退職してしまった人は、どうやって居場所を見つければよいでしょうか。

現役時代には仕事を通じた仲間がいるので、それを通じて知り合いが広がっていきますが、退職後には仲間が身近にいなくなってしまいます。

それなら、新しく仲間や知り合いをつくって、そこを居場所にしてみればいいのです。

居場所探しの入口としておすすめなのは、趣味のサークルです。趣味のサークルなら、写真、陶芸、書道、茶道、ウォーキング、ダンス、手芸などなど、たいていの地域にさまざまな分野のものが存在します。

ただ問題なのは、自分に合ったサークルを見つけるまでのハードルが高いことでしょう。働いていたときとは勝手が違うために、情報の探し方に戸惑う人が多いようです。現役時代の情報集めは、同僚からの情報提供やインターネットでの検索がメインかと思います。しかし、趣味のサークルは地域と期間を限定して開かれるものが多く、必ずしもインターネットで公開しているとは限りません。

むしろ、自宅に定期的に届く自治体の広報誌をよく読んでいると、趣味や勉強の講座、ボランティアの募集が数多く掲載されていることがわかります。リタイアするまで広報誌を見たことがないという人も多いかもしれませんが、広報誌は情報の宝庫です。

また、役所や街角の掲示板にも、さまざまな内容のポスターやビラが貼られています。気分転換の散歩のついでに、そうした掲示を見るクセをつけておくといいと思います。

「定年になったら時間が十分にあるから、しばらくは失業保険をもらいながら、やりたいことを探せばいいや」などと思っていると、何カ月たってもいい情報にめぐり合えないことになりかねません。

私（菅原）が話を聞いていて、なるほどと思ったのは、現役時代に職場の近くで講座や習い事に通っていた人のほうが、退職後にもうまく居場所を見つけるケースが多いことです。

会社を辞めても、週1回か月1回くらいはそこに通い続けるという人もいます。あるいは、退職後に地元で似たようなサークルを探す人もいました。情報がなくても経験があることで、仲間をつくるハードルが下がるのでしょう。そうした観点からも、やはり現役時代から退職後の生活をイメージしておくことは重要だと思います。

フリーランスを選ぶなら、現役時代の人生設計が欠かせない

定年退職後に再就職をしないで、独立してフリーランスで仕事をはじめる人もいます。

フリーランスには2種類あって、特技や能力を活かしてフリーになった結果、現役時代より稼いでいるタイプが1つ。その延長で起業する人もいます。もう1つは、会社を辞めたのはいいけれど、望む会社が見つからないために、やむなくフリーになったというタイプです。

後者は、お金のためにしかたなく働くわけですから、2章でデータを紹介したように幸

福度は低くなります。理想的なのは、もちろん前者です。お金が入るのはもちろんですが、お金だけを目的にするのではなく、自分の得意分野を活かすわけですから、幸福度は高くなります。

そうした理想的な退職後を可能にするには、自分の得意な仕事で独立できるように、現役時代から腕を磨いておくことです。

現役時代の副業も同様です。お金のために副業をしている人は幸福度が低く、副業によって知見や人脈が広がることを楽しんでいる人は幸福度が高い傾向があります。

以上のことから、現役時代に副業をすることには大きな意義があることがわかります。「お金が足りているから副業なんてしないよ」ではなくて、定年後に備えたスキルアップや人脈づくりのために、副業や社会貢献活動などを行うことは大事です。

現役の会社員が、残業がなくなったからといって、スキル不要のパートやアルバイトで小銭稼ぎをするのはおすすめしません。将来の幸福にはつながりにくいからです。

もちろん、小銭稼ぎが楽しく感じるのならいいのですが、きつい思いをして単純なアルバイトを繰り返すよりは、すぐには稼ぎにならなくてもスキルアップになる仕事をしたほうが、定年後の幸せにつながるでしょう。

最初からコストパフォーマンスばかりを考えるのではなく、人生設計の一部としてやりがいや生きがいの要素も含めたうえで、長い目で幸福度が高くなる方向を選んでほしいのです。

よく見かけるのは、企業で高い地位にいた人が、定年後に個人の名刺をつくってフリーのコンサルタントをはじめるというケースです。しかし、会社の名刺があったからこそできた業務を、個人で行うのはかなり難しいチャレンジだと思います。個人的に強い人脈や特別な能力があれば別ですが、そうでなければ、仕事で身につけた具体的な技術や経験を使う仕事を選んだほうがいいでしょう。

ボランティアを通して幸せになる人の考え方

定年退職後に、一般的な仕事ではなくてボランティア活動に励むという道もあります。

ただ、ボランティア活動を選ぶ日本人は多くありません。ボランティアというと、特別な人がやることのような印象を持っている人が多いようで、「自分は特別ではないからやらない」といいます。

実際にボランティアをやっている方に聞くと、宗教的な動機からはじめた人や、自分がかつてボランティアの方にお世話になった経験があり、恩返しとしてはじめたという人が多く、そうでないボランティアは少数派だと感じます。

ボランティアを敬遠する理由の1つとして、ボランティアを「ただ働き」だと誤解している人が多いことが挙げられます。しかし、ボランティアという言葉には無報酬という意味はなく、自発的な意思で活動をすることを指しています。仕事や作業をすることでお金をもらう有償ボランティアもあります。

重要なのは、ボランティアに従事している人を支えているのは稼ぎではなく、自分のことよりも他人のために尽くす「利他の精神」だということです。利他の気持ちを発揮することで、ボランティアをする人の幸福度は高まります。

2章では「人のため、社会のためにお金を使う人は、自分のためにお金を使う人よりも幸福度が高い」という研究データを紹介しましたが、これはお金の使い方に限った話ではありません。「人のため」という利他の行為は、相手の幸せだけではなく、自分の幸せにもつながっているのです。

内閣府による「社会的課題解決のための活動参加意欲と幸福度の関係」という調査結果では、「問題解決をする活動に関わっている」と答えた人の幸福度が最も高く、「関わりたいと思うが、どうすればよいかわからない」「関わりたいと思うが、余裕がなく、できない」がそれに続き、「加わりたいと思わない」という人の幸福度が最も低いという結果になりました（参考文献36）。

極端なことをいえば、幸せになりたければボランティア活動をするのが一番の近道です。ところが、多くの人はボランティアで幸せになれることを知らないので、「自分にはとてもできません」となってしまうのです。もったいないではありませんか。

ボランティア活動と聞くと、災害支援や国際交流などを思い浮かべて、ハードルが高いと感じるかもしれませんが、もっと身近なことでもいいのです。家のまわりの道路の掃除や雪かきをするのも、広い意味でボランティアです。

そこを近所の人が通りかかって、感謝の言葉をかけてくれるかもしれません。会話がはずむことで、幸せがどんどん増えていくことを実感するでしょう。掃除をしている人を見かけて、感謝の気持ちを伝えるのもまた利他の気持ちからであり、広い意味でのボランティアです。まずはやってみること。幸福をもたらす「やってみよう因子」を働かせようではありませんか。

4章

「幸せ」を感じていると「体」も変わる

「健康、長寿」の老年幸福学

幸福度が高いと、病気にかかりにくくなる

序章では、幸福度が高い人は長生きであることを、研究データをもとに示しました。もちろん、ただ長生きするだけでなく、幸せな人は普段から健康状態がよい傾向にあることも知られています。

ポジティブな感情は自律神経や免疫系、神経内分泌系に影響し、またストレスの悪影響から体を守る役割があるとも考えられています（参考文献37）。いわば、体のシステム全体の調子がよくなるのです。

幸せであることが精神状態を向上させるのは想像がつくでしょうが、大腸がんのような病気にもなりにくいとされています。大腸がんは、精神的なストレスが要因の1つだとわかっているためです。もちろん、幸せなら大腸がんにならないわけではありませんが、幸せが大腸がん予防因子の1つであることは確かです。

また、幸せな人は心に余裕があるので、自分を大切にします。自分をいい状態に保とうというモチベーションが高いため、健康的な行動をとることで体調がよくなり、さらに幸

福度がアップするという好循環になっていきます。

それに対して、不幸な人は自分に対して注意を向けなくなりがちなので、生活習慣を省みなくなり、いわばセルフネグレクトのような状態になりやすいともいわれています。不規則な生活、酒の飲みすぎ、食べすぎ、たばこの吸いすぎなどの生活の乱れが積もり積もって病気を発症しやすい状態になってしまうのです。

ただし、ここが重要なのですが、病気を持っているからといって、幸せになれないわけではありません。病気や障害があっても幸福度を高く保つことは十分に可能です。

WHO（世界保健機関）では、次のように健康を定義しています。

「健康とは、肉体的、精神的及び社会的に完全に良好な状態（well-being）であり、単に疾病又は病弱の存在しないことではない」（『平成26年版 厚生労働白書』より）

ですから、何かの病気や障害があっても、それとうまく折り合いをつけることによって、どんな人でも健康でいることは可能であり、幸せを感じることができるのだと頭に入れておいていただきたいのです。

「気の持ちよう」で感じる痛みの強さが変わる

そもそも、病気と健康はどれだけはっきりと分けられるのでしょうか。

例えば、痛みというのは高齢者の悩みの種であり、幸福度を下げる要因の1つになっています。しかし、「病は気から」という言葉もあるように、実は気の持ちようによってかなり違ってくることが知られています。

どなたにも経験があると思いますが、どこかが痛くなっても、楽しいことをしているうちに、痛みを忘れてしまうことがあります。実際に私（前野）の母も、うちにいて暇を持てあましていると膝が痛いといっているのに、グラウンドゴルフを楽しくやっているときは痛みを忘れているようなのです。

多くの日本人を悩ませる腰痛についても、精神状態によって痛みの強さがかなり変わることは、近年の研究から明らかになりました。

ポジティブな感情があると、痛みが減ったり耐性が高くなることは、さまざまな実験でも報告されています。

その一例として、ポジティブな気分になった被験者のグループは、そうでないグループに比べて、指先に圧力をかけたときの痛みの報告が少なく、回復時に指の温度が高いことが示されています（参考文献38）。

そもそも、痛いか痛くないかというのは主観的な判断です。客観的に見て関節が変形していても、本人が痛くないといえば痛くないわけです。ですから、楽しいことを考えていれば、痛みが半分にも3分の1にも減ってしまうのです。

意外なことに、ドライアイの症状も精神状態によって左右されることがわかっています。慶應義塾大学病院の眼科の先生にうかがったのですが、本当に乾燥している状態だからといって、それがひどく気になるとは限らないそうです。幸せな気分でいるときはそれほど痛みや違和感がないけれども、うつうつとした気分のときは症状が強く出るというのです。

そう考えると、熱中できる趣味や仕事を持ったり、時間を忘れて会話できる友人を持つことは、痛みや持病のある高齢者にとって大事であることがおわかりでしょう。何もすることがなくなると、どうしても体の不調が気になって、悪い病気ではないかと心配になってしまいがちです。いったん気になると、今度はそればかりに頭が行ってしまい、うつうつとした気分になって悪循環に陥ってしまいます。

忙しすぎてもいけませんが、気が紛れる程度の忙しさを保つのがおすすめだと思います。家でじっとしているよりも、何か仕事をするなり、趣味に打ち込むなりするのは、ネガティブなことを考えないようにする意味でも大切です。

ポイントは「主観的健康」

高齢者は体力が落ちていくから、思うようなことができなくなって不幸に違いないと思われる人も多いでしょう。体力さえあれば、いつでも好きなところに行け、やりたいことができるので、幸せだと思えるかもしれません。しかし、本当に体力があれば幸せなのでしょうか。

年齢による体力の変化を曲線で示してみると、20歳前後をピークにした逆U字を描きます。ところが、本書の冒頭で紹介したように、年齢と幸せを示すカーブはU字曲線を描きます。20歳頃にはそこそこ幸福度は高いのですが、そこから下降の一途をたどり、60歳を過ぎて再び上昇局面を迎えます。

個人差はあるにしても、幸福度は70歳になっても80歳になっても上昇していきますが、体力は落ちる一方です。体力と幸福度が、年齢に対して逆の傾向を示すことはおわかりでしょう。むしろ、体力がかなり落ちてからのほうが幸福度が高くなるのです。

体力だけではありません。必ずしも幸福度は病気の数とも比例しません。高齢になると、持病や障害は誰でも、2つ、3つあって、薬をいくつも飲んでいる人が珍しくありません。若い人から見たら十分に不健康な状態ですが、当の本人に聞くと、「私はそこそこ健康ですよ」と、幸せだという人が多いのです。

つまり、年齢によって、幸せの定義も健康の定義も変わるというべきでしょう。

高齢者が不幸だというのは、若い人の思い込みといえるでしょう。若い頃は、健康診断でA判定だ、B判定だといって、結果に一喜一憂していますが、高齢になったら血圧が上がるのは当然のこと。それだけが健康の指標だと思わないほうがいいでしょう。まさに、「ありのままに因子」で幸せを感じているのです。

人の寿命は病気の数や薬の量と相関関係がありそうに思えますが、それらよりも強く関係しているのは「主観的な健康」だという調査結果があります。つまり、「自分が健康だ、そこそこやれる状態である」と感じられる人は、2つや3つの持病があっても、長生きするという研究結果が出ています。

客観的な数値で見る健康状態は、確かに幸福に影響しますが、数値に振り回される必要はありません。極端なことをいえば、健康診断の数値が少し高いとか低いといって騒ぐのではなく、「中性脂肪は標準値を超えているけれども、これくらいなら大丈夫」と思っていれば幸せであり、前向きに対策を取ることができるでしょう。「標準値の上限に近づいているから大変だ」と心配ばかりする人は、幸せでないうえに、正しい判断と対策をしそこなってしまうかもしれません。

もちろん、病気を持っていると主観的健康は低下する傾向がありますが、そこは人それぞれで、些細な不調でクヨクヨする人よりも、病気や痛みを持っていても、「なんとかなる」と考えている人のほうが、結果的に健康で長生きできるというべきでしょう。

健康寿命を超えても、幸せな老後は過ごせる

日本は、世界的に見ても最も長寿な国といわれています。しかし、平均寿命から健康年

齢を引いた「不健康な期間」を見ると、厚生労働省が発表した2019年のデータでは、男性8・73年、女性が12・07年と、これもまた世界有数の長さとなっています。

この期間が長いことに対して、悲観的な見方をする人がいます。うまくリハビリすれば自立できるのに寝たきりにされていていいのか、チューブにつながれたまま生かされているのは問題ではないのか、などの議論もあります。

確かに、この期間が短いほうがいいかもしれませんが、欧米と日本とでは死生観が違うので、一概に日本の状況が悪いと決めつけるべきではありません。宗教的な価値観も関係しており、欧米では寝たきりになるぐらいなら早く神様のところに行きたいと考えるから か、安楽死を合法化している国もあります。

健康についての考え方が多様であることは前項で述べましたが、「健康寿命」の算出方法も国によってまちまちなので、厳密な国際比較は難しいのです。

健康寿命の出し方については、自分が健康だと思っているかどうかに基づいて決める方法、介護保険の要介護認定をもとにして算出する方法、日常生活で支障があるかを尋ねる方法など、いくつかの方法があります。

日本では「良い健康状態」の定義に基づいて、厚生労働省の研究班が「健康寿命」を導き出す3つの基準を示しています（参考文献39）。

①日常生活に制限のない期間

②自分が健康だと感じられている期間

③介護が必要（要介護）になるまでの期間

いずれにしても、健康寿命を過ぎているから不幸だと短絡的に考えるのは好ましくありません。健康＝幸福、健康でない＝不幸というのは、一部の人の思い込みだというべきでしょう。

私（前野）の父親は、晩年に病気の後遺症で片麻痺《かたまひ》が残り、障害者手帳を持っていたのですが、最期まで幸せに生きていたと思います。健康年齢という定義自体が曖昧《あいまい》なのですから、そんなことを気にせずに幸せに生きるのがいいのではないでしょうか。高齢になって体のさまざまなところに支障が出ていても幸福度が高い人はたくさんいるのです。

シニアは日頃、何を楽しみにしているのか

（図表12）90歳以上の人が日頃楽しみにしていること

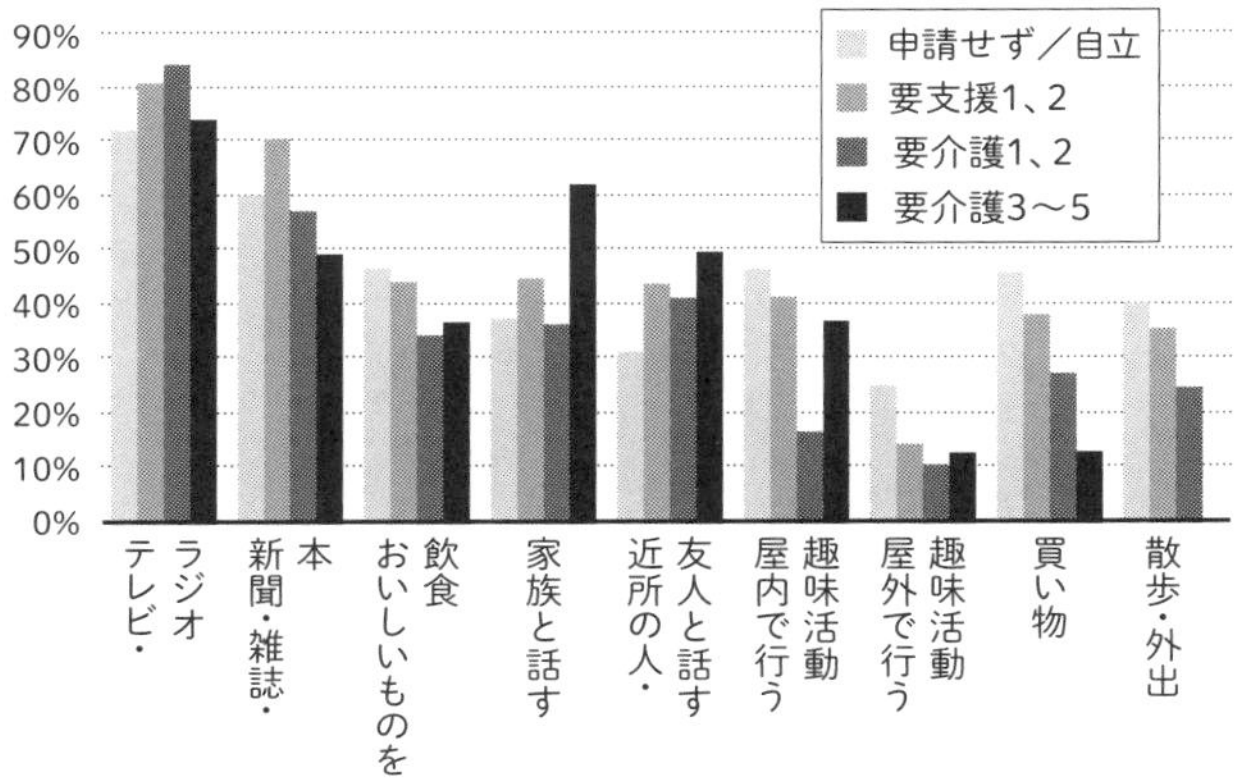

柏市在住、90歳以上で自立した生活を送っている278人を対象に調査。
「菅原・二瓶 (2020) 老年内科,1(3)」より作成。

健康寿命を延ばそうとするのはいいのですが、健康寿命が尽きて要介護になったらおしまいのような風潮があるのは残念です。要介護になったら不幸になるのではけっしてありません。むしろ、その8年なり12年なりを、いかに幸せに生きるかを考えるほうが大事だと思うのです。

障害があろうと病気を持っていようと、どうやったら幸せに生きることができるか、それを考えていくのが私たち心理学者や老年学者の務めだと思っています。

私（菅原）が千葉県柏《かしわ》市在住の90歳以上の278人を対象にして行った調査のなかで、日頃楽しみにしていることを尋ねたデータがあります（参考文献40）。それによると、圧倒的に多いのがテレビ・ラジオで、要支援・要介護度を問わず70～85％を占めています。次いで、新聞・雑誌・本を読むこと。要介護度が進むと、家族や近所の人、友人と話すことを楽しみに感じる人が増えていきます（図表12）。

要介護になっても、やり続けられることとして、おいしいものを食べることは重要です。最期まで好きなものを食べ続けられるかどうかは、幸せに大きく関係してきます。そのためには、若い頃から歯を大切にすること、あるいはきちんとした入れ歯をつくることも大切です。

買い物や散歩も、体が動く限り続けたいという気持ちが伝わってきます。

注目すべき点は、要介護3～5になっても、屋内で行う趣味活動を楽しみしている人が約40％いることです。実際に、どのような趣味を楽しんでいるのかまでは聞いていないのですが、絵画、書道、絵手紙などが多いようで、ご自宅にうかがうと作品が飾ってあるのをよく見ます。みなさん、体が思うように動かなくなっても、それぞれ工夫して、できる範囲で楽しみを見つけていることが、この調査から読み取れます。

死をタブー視することなく話題にするには

２０１９年の暮れ、厚生労働省が公表した「人生会議」のポスターが大きな話題になりました。人生会議は英語の「アドバンス・ケア・プランニング」を訳したもので、人生の最期が見えてきたときに備え、本人の希望や価値観に沿って、家族、医療・ケアチームが、どのような医療やケアをすべきかを話し合うプロセスのことです。

このときは、ポスターの生々しい表現があまりにも刺激的だったために、各方面から批判を浴びてしまいました。しかし、ここで示されたリビング・ウィル（生前の意思表明）については、幸福学や老年学の観点からも、事前に家族と話し合っておいたほうがいいというのが私たちの意見です。

例えば、口から食べ物がとれなくなったときに、胃に穴を開けてチューブを入れて栄養補給をする「胃ろう」を行うべきか、延命治療をどこまで行うべきかということを含めて、本人の意思を確認しておいたほうがいいと思います。

そうした動きはヨーロッパでとくに進んでいて、厚生労働省はそれを日本でも導入しようとしているわけです。

90歳を過ぎて老年的超越に達した人なら、「人生会議」や「生前の意思表明」といわれると、「ふんふん、そうだね」と話題にするのをためらわないことでしょう。しかし、70代くらいだと、自分の死を想像することに対して拒否反応が強いかもしれません。そのため、人生会議の話が出たときにも、必要以上の反発を買ってしまったのでしょう。

アメリカのワシントン大学発の活動に、楽しく食事をしながら死について話すというプログラムがあります。日本でも、お茶をしながら気軽に死について語り合う「デス・カフェ」という取り組みが広がりつつあります。

老年学の考えでは、生の先に死があるのは当然の前提です。ですから、どう生きたいのかについて語るのと同様に、どう死にたいのかを気軽に話せるような文化ができていけば、高齢者の幸福度もずいぶん上がるように思います。

「ありのままに因子」と真逆のアンチエイジング

「老年的超越」の基本にあるのは老いを受け入れることですが、その対極にあるのが、年をとっても若々しくありたいという「アンチエイジング」の考え方です。

今の日本はアンチエイジング花盛りで、朝から昼にかけてテレビを見ていると、シミを消したりシワを取ったりするためのサプリメントや美容整形のＣＭが、次から次へと画面に展開していきます。

近代社会は、若いことに価値が置かれる世の中で、年齢よりも若々しくてきれいなことがいいことだとされてきました。確かに若々しいよさもありますが、古代にさかのぼってみると、知恵のある年配者こそが尊敬されていた時代がありました。

ところが、産業革命以降、生産を支える若くて体力のある人が優れているという価値観に偏りすぎたように思います。そろそろその価値観を変えるべき時代がやってきたのではないでしょうか。

おもしろいことに、どの国でも高度成長している時期には、映画でもドラマでも若い美男美女が主人公となることが多いですが、徐々に社会が成熟していくと、しだいに壮年、老年が主人公の物語が多くなっていきます。高齢化が進んでいる日本は、いち早く新しい価値観に転換して、世界をリードするチャンスでもあると思うのです。

シワをなくしたり髪を染めたりして、加齢に逆らおうとしても、いつかは逆らいきれなくなります。それよりも、さっさと受け入れてしまったほうが、どれほど気楽で幸せなことでしょうか。無理に自分と他人を比べて若く見せようとするよりも、自分のありのままで生きることのほうがずっと幸せです。幸福学の「ありのままに因子」です。

最近のグレイヘアブームも、そうした価値観の変化の一環ではないでしょうか。おそらく、多くの人は心の隅で「もう若づくりはやめたいけれど、いつ、どうやってやめたらよいのか」と迷っていたのかもしれません。そんな状況のなかで、ありのままの髪の毛の色を活かした人たちがメディアに顔を見せたことで、人々の共感を得たのだと思います。

化粧と美容整形、幸福度が高まるのはどっち？

いくら若くあり続けたいと思っても、どうやったところで年をとるという事実には逆らえません。現実が気持ちを裏切っていくので、残念ながらそうした人は不幸になっていきます。

さまざまな研究データでは、幸福学の「ありのままに因子」が示す通り、「年をとるのも案外悪くない」と考えて老いを受け入れる人のほうが、幸福度が高いという結果が出ています。

例えば、50歳以上のアメリカ人1万3752人を4年間追跡した調査では、「自分が年齢を重ねることに満足している」など、年をとることに対してプラス思考を持っている人ほど、4年後に身体的健康の改善、健康によい行動の促進、主観的幸福感の向上が実現していました（参考文献41）。

また、ノルウェーの40歳から80歳まで6292人を対象にした15年にわたる追跡データの分析では、「実年齢より若くいたい」と感じている人ほど人生満足感が低下しやすく、身体的健康が悪化しやすいという結果が出ました（参考文献42）。逆にいうと、実年齢に満足している人ほど人生満足度が高く維持され、身体的健康も保たれるというわけです。

アンチエイジングが悪いというわけではありませんが、程度が過ぎると自分自身を否定することになってしまいます。「気分や考え方が若々しければ、外観も若々しく保つことができる」というような、よい意味でのアンチエイジングならいいのですが、自らを否定する過度なアンチエイジングは不幸につながってしまうというべきでしょう。

前野研究室の学生が、注目すべき研究をしています。それによると、化粧が好きな人は幸福度が高かったのに対して、美容整形手術をした人は幸福度が低いという結果が出たのです。化粧も美容整形も、自分を美しく見せようという点は同じなのに、なぜ違いが出てしまったのでしょうか。

化粧とは本来の自分を活かして、そのよいところを伸ばしていくものです。それに対して、美容整形は本来の自分を変えてしまうものです。つまり、「ありのままの自分を受け入れる」化粧と、「自分のことが嫌いで、ありのままの自分を否定する」美容整形という点に大きな差があるのです。

これは、老いとアンチエイジングにも通じます。老いた自分が嫌なので行きすぎたアンチエイジングをする人は幸福度が低く、白髪を活かしたおしゃれを楽しむ人の幸福度が高いのです。要するに、いくつになっても、ありのままの自分を好きであることが大事だといえるでしょう。

「老年的超越」を目指そうとしなくていい

ハーバード大学での講義が人気を呼んだイスラエル出身の心理学者であるタル・ベン・シャハー博士は、幸せを目指しすぎる人は不幸であると述べています。

ここまで、「仕事にやりがいを感じている人は幸せ」「人とのつながりが大切」などの研究データを示してきました。しかし、現にやりがいを感じていない人やつながりがない人が、「じゃあ、やりがいを求めないといけないのか」「なんとかつながりを見つけないと大変だ」と強迫観念にかられては苦痛に感じるだけです。それでは幸せとはいえません。ですから、幸せは目指しすぎてはいけないのです。

でも、目指さないのに、どうすれば幸せになれるのでしょうか。

これは難しい問題です。あえて答えるとしたら、幸せとはどういうものかという知識は身につけておいたほうがいいけれども、無理をしてまでも追求しないほうがいいということだと思います。

本書のテーマである高齢期の幸福を考えるときも同様です、50代、60代の人に、「老年的超越という幸せに至る道がある」といっても、それを積極的に目指すのは無理な相談です。老年的超越とは、物事に楽観的になり、自らの欲望や欲求から離れ、自己中心的なところがなくなって寛容性が高まっていく状態であるといいました。

まだまだお金や地位に未練があり、いい生活をして旅行もしたいという年代の人が、いきなり老年的超越を目指すのは不自然でつらいことです。

ですから、無理をしなくていいのです。個人差もあります。いきなり山の頂上を目指すのではなく、足元を見て一歩一歩進んでいくことが大事だと思うのです。

しかし、「最終的に目指すべきだけれども、目指そうとしなくていい」というのは、一見、矛盾しているようで理解しにくいかもしれません。

そこで、私（前野）が思い出すのは、月山《がっさん》に登ったときに感じたことです。

山形県の中央部、出羽《でわ》山脈にそびえる月山は、古くから信仰の山としても知られる標高1984メートルの山です。私は、月山を含む出羽三山《さんざん》の頂上まで3日間歩き続けるという修験道《しゅげんどう》の修行に加わったことがあります。

3日目になると足が痛くなってたまらないのですが、まだまだ頂上は先です。はるか頂上を見上げて、「ああ、あんな高いところまで登るなんて、とてもできない」と思うのですが、みんなと一緒に列になって登らなくてはなりません。

あるときふと思い立って、上を見るのをやめて、下を見ることにしてみました。すると、いくら足が痛くても一歩は間違いなく歩くことができます。次の一歩も歩けます。そうして、一歩、一歩、目の前を見ていれば、なんとか歩くことができることに気づきました。

そこで、「あの頂上まで登るんだ」と思うのをやめて、一歩、一歩、一歩と、目の前のことだけを考えて、黙々と登っていったところ、いつのまにか頂上にたどりつくことができたのです。

これと同じです。目的地である「すべてを超越した境地」は遠くて手が届かなくても、それがどのようなものであるかを知っておくのは悪くないと思うのです。目的地がわかっていれば、道に迷うことはありません。

目的地がわかっていないと、間違った道に踏み込んでいく恐れがあります。やはり人生は金次第だとか、要領よく立ち回ることが大事だなどという価値観で生きていると、老年的超越にたどりつけなくなってしまいます。

そうではなく、利他的な振る舞いから幸せがもたらされるのであり、老年的超越は世界との一体感を感じる境地だということを、知識だけでも身につけたうえで、「今の自分にはまだ難しい。だったら今の一歩を歩むことにしよう」と考えて日々を送るのが答えだと思うのです。

死ぬのではなく「あちら側」へ行くだけ

80代後半の方々と話していると、興味深いことがあります。みなさん、そんなに死が怖くなくなったと口を揃えるのです。70歳ぐらいまでは怖かったそうなのですが、年々怖くなくなってきて、今では「あちら側」に行くだけという気分になっているというのです。

お話を聞いて想像するしかありませんが、90歳を超えると平均余命が2年だの3年だのといわれるようになり、実際に周囲の友人が次々に亡くなっていくのを見て、「自分はおかげさまで生きている」という感覚になっていくのかもしれません。

私（前野）の母はまだ80代ですが、そばで暮らしていると、少しずつ老年的超越に近づいていることを感じます。父が生きていた頃は、仲はよかったものの愚痴《ぐち》もいっていました。ところが、父が死んで7年もたつと、いい思い出しか口にしません。それどころか、寝るときに「お父さん、今日も夢に出てきてちょうだいね」といいながら寝るのです。すべてポジティブに考えるようになったのでしょう。

死に対する恐怖感も、以前よりも減っているようです。「こっちで息子といるのもいいし、あっちへ行ってお父さんと一緒にいるのもいい。この世に思い残すことはないから、どっちでもいいのよ」とよくいいます。それも、暗い雰囲気ではけっしてなく、笑顔で口にするのです。

まさに、欲望や憎しみ、悲しみなどの煩悩《ぼんのう》を少しずつ手放していくという様子がピッタリで、仏教が教える悟りとは、こういうことなのかと実感します。

老年的超越は80代、90代になるにつれて表れてくるものですが、それを意識的に身につけるのが出家という行為なのでしょう。そしてブッダとは、その老年的超越を早くも30代で身につけた早熟な天才だったのかもしれません。

普通の人はなかなかそこまで自分の意思ではできないので、時間の経過を待つのがいいでしょう。若いうちは欲まみれでもいいと思います。しかし、90歳になったら煩悩が消え、自然と幸せになれると思うと、ワクワクしてきませんか。

これまでは、90歳過ぎて生きていても、おもしろいことは何もないと思っていた人が多かったかもしれません。しかし、幸福学と老年学の研究から、そこには幸せで豊かな世界が待っていることがわかってきたのです。

今はとりあえず、一歩、一歩、充実した毎日を送ることで、やがては老年的超越という名の境地にたどりつくことを楽しみにすることにしましょう。

5章

60歳からの人生を「幸せの上り坂」に変える方法

老年幸福学の実践ヒント

自分で自分を幸せにするコツ

本書ではここまで、老年学と幸福学で得た研究結果をもとに、高齢者が幸せに過ごすコツについて、人間関係、お金、仕事、健康など、さまざまな角度から考えてきました。

この章では、老年学と幸福学で得られた知見をもとに、高齢者が幸福度を高めるための具体的な実践ヒントを紹介しましょう。

幸福度がアップする「姿勢」があった！

まずは、誰でも今すぐできて、幸せになれる方法を紹介しましょう。それは、胸を張って上を向いて歩くことです。

人は誰しも、落ち込んでいるときは肩をすぼめて下を向いてしまいます。明るい気分のときは、自然と上を向くものです。この体のクセを利用するのです。

試しに、ちょっと浮かない気分のときに、しばらく上を向いてみてください。それだけでも、多少は気分がスッキリしてくるでしょう。実際に、上を向くだけでポジティブな気分になるという研究結果があります。

というのも、上を向いていると、脳が「おや、上を向く姿勢をとっているということは、晴れやかで幸せな状態なのかな」と解釈して、幸せな気分にしてくれるように体に指令を出すためです。

逆に、理由もないのに下を向いていると、「ああ、これは落ち込んでいるに違いない」と脳が勝手に判断して、本当に気分が滅入ってくるのです。

ですから、外を歩くときは、胸を張って上を向いて歩きましょう。できれば大股で歩くと、元気が出て幸福度がさらにアップします。健康のためにもよいですね。

姿勢と同じことが、表情にもあてはまります。

楽しいことがあると人は笑顔になります。その反対に、意識的に笑顔をつくることで特定の表情筋が収縮すると、脳が「これは楽しいことがあったのだな」と判断して幸せな気分にしてくれるのです。

ですから、普段から笑顔でいるようにすれば、いい意味で脳をだますことができ、私たちはいつでも幸せになることができるのです。

高齢者、とくに男性を見ていると、年がら年中、ずっとうつむいてしかめっ面している人がいます。私（菅原）は、高齢者を対象に笑顔度を測定するという調査を行ったことがあるのですが、「そういえば、ここ何年も笑顔を浮かべたことがなかった」という人が大勢いて驚きました。そんな姿勢や表情のまま凝り固まってしまうと、幸せから遠ざかってしまいます。

女性は化粧のために鏡を見る機会が多いのですが、男性の多くはじっと鏡を見る習慣があまりないと思います。ですから、朝、顔を洗うとき、トイレに行ったときなど、じっと鏡を見る習慣をつけましょう。口角を上げて、意識的に笑顔をつくることが大切です。

体を動かすことには一石二鳥の効果がある

適度な運動をするとなんとなく気分がよくなることは、多くの人が感じていると思います。少なくとも、気分がよくなるという効果だけ考えても、体を動かすことは幸福度アップにつながるといえます。

ただし、高齢になると激しいスポーツは難しいでしょうし、かえってケガのリスクが生

（図表13）運動も人と一緒にやると、より一層効果的

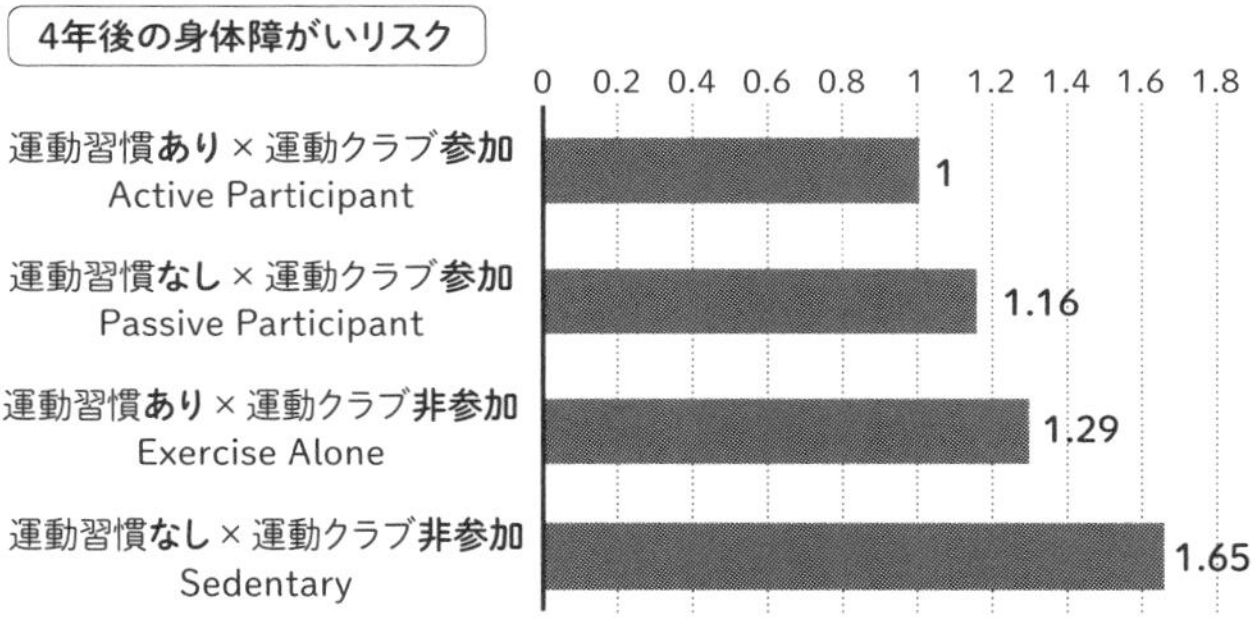

Kanamori et al,(2012) PLOS one,7(11),e51061

愛知県在住の65歳以上13,310人を対象とした疫学調査（2003年）。運動・エクササイズの実施状況が、4年後の身体機能の障がい発生率に影響するか調べたもの。

じてしまいます。フラダンスや日本舞踊、ウォーキングのように、無理のない範囲で自分のペースで体を動かせる運動を選びましょう。

1日10分でも、週に1、2回であっても、まったく運動をしないよりも、ずっと幸福度がアップするという研究データも複数あります。最も幸福度が高いと感じるのは、30分以上の運動をほぼ毎日続けている人だというデータもあります。

運動の効用は気分をよくすることだけではありません。高齢者にとっては、健康維持とともに障がい防止にも寄与します。

愛知県在住の65歳以上の高齢者1万3310人を対象に、2003年に行われた追跡調

査があります（参考文献43）。運動習慣の有無を尋ね、それが4年後の身体機能の障がい発生率に影響するかを調べたところ、運動習慣がなく運動クラブにも入っていない人は、どちらもある人に比べて、たった4年後の障がい発生率が1・65倍にもなったのです（図表13）。

この研究では、さらに興味深いことに、単に運動習慣をつけるだけでなく、運動クラブに参加することでも、効果がアップすることがわかりました。運動習慣はなくても運動クラブに入っていれば、4年後の障がい発生率が1・16倍にまで抑えられたのです。運動クラブに入って周囲の人と一緒に運動することによって、お互いに励みになって効果が高くなるのだと考えられます。クラブに入らなくても、知人や友人と一緒に運動することも有効です。

日常生活で意外に見落とされがちなのは、家事に伴う運動量です。炊事、掃除、洗濯などで家のなかをあちこち歩き回ると、意外に体に負荷がかかって結構な運動量になります。二階建ての一軒家なら、階段を何度も上り下りすることで、さらに運動量が増します。

そうした意味からも、退職した男性には（もちろん女性にも）、ぜひ家事を担当していただきたいと思います。家事をきちんと分担することで、夫婦円満と身体機能維持という一石二鳥が期待できます。

「緑のある場所」を散歩するといい理由

元気いっぱいの高齢者なら、ジョギングや水泳、あるいはジムで汗を流すのもいいでしょう。もしも、それが難しいようなら、散歩程度の運動でももちろん構いません。とくに、自然の緑に囲まれた場所で散歩すると幸福度もアップします。

自然豊かな環境にいると、メンタルヘルスが向上して自律神経が整い、血糖値、血圧、心拍数などが正常化していくことがさまざまな実験で示されています。

「都会に住んでいるから、自然なんてまわりにないよ」という人もご心配なく。近所の公園を歩くだけでもいいのです。都会にある公園であっても、緑に囲まれてのんびりすることで、リラクゼーション効果を十分に得ることができます。

アメリカでは、自然豊かな公園で20分間過ごすだけで、メンタルヘルスが向上して幸福感を得られるというデータが発表されています（参考文献44）。6カ月続けられたその研究では、公園での滞在時間は平均32分で、うち30％の人がウォーキングなどの運動を行っていました。その結果、60％の人において健康状態を示す数字が向上し、主観的幸福度もアップすることがわかったのです。

コロナ禍でステイホームが求められたときのアメリカの研究では、家の中から緑が見えるかどうかで幸福度に違いがあったといいます（参考文献45）。日本庭園とはいわずともイングリッシュガーデン風の庭があれば理想的ですが、都会の住宅事情ではそうもいきません。ベランダにプランターや鉢植えを置いたり、室内に観葉植物を置いたりするのでもいいのです。緑が目に入るように環境を整えて、幸福度アップを目指しましょう。

「育てる」行為で幸福度が高まる

植物や動物を育てることは、幸福度に大きく関係しています。生き物の日々の成長を感じることで、愛情ホルモンといわれるオキシトシンが分泌されるためです。オキシトシンにはストレス中枢の興奮を鎮める機能があり、ストレスを受け流して気分よく幸せに生活していくために重要です。

最近の研究では、心を許した人との優しい接触、リラックスできるおしゃべりなどのほかに、動植物を育てることでオキシトシンの分泌が促されることがわかっています。

きれいな花をただ見ているだけでもいいものですが、種や苗から育てたときの思い入れはひとしおです。手をかけて水やりをきちんとしながら、日々成長する姿を見守るのは、まさに子育てのようです。人間の母性本能、父性本能が刺激されて、オキシトシンが分泌されます。

動物ならなおのこと、鳥でも金魚でも亀でもいいのですが、やはり気持ちが通じるという点では、犬や猫がおすすめです。高齢施設でもアニマルセラピーが導入されているように、犬や猫と触れ合うことはメンタルヘルスに効果があることが知られています。

60～74歳の男女を対象とした調査では、ペットとの情緒的一体感が高いほど抑うつ度が低く、孤独感が低いというデータが出ています（参考文献46）。

また、460名の高齢者を対象とした調査では、ペット飼育者はそうでない人に比べてフレイル（高齢者の虚弱状態）の発生率が低く、自立度を喪失する確率が低く、医療費や介護保険サービス利用費が低いことがわかりました（参考文献47）。

私（前野）の個人的な意見としては、犬がおすすめです。散歩に連れて行くのは大変かもしれませんが、毎朝犬と一緒に散歩をすることは飼い主の健康にもつながります。

もう1つ、効果がありそうなのは、犬を通じたコミュニケーションです。犬を飼っている人同士が、道で挨拶をしたり公園で会話をしたりする光景は、よく目にするかと思います。犬を介して貴重な「弱いつながり」が期待できます。

ただし、高齢になると体力の面で大変かもしれません。また、犬が死んだときのペットロスも心配です。ペットロスを防ぐには次のペットを飼うのがいいそうですが、そうすると今度は飼い主のほうが超高齢になって病気になったり施設に入ったりと、ペットの扱いに困る事態になりかねません。状況に応じて、関係者とよく話し合って決められるといいですね。

自治体によっては、地域包括支援センターなどでペットの相談ができるところもあります。あらかじめ住んでいる自治体のサポートを確認しておくことも有効です。

「やったことがないこと」をやってみる

夢や目標を持つという言葉は、高齢者には似合わないといわれそうですが、そんなことはありません。いつになっても、目指したいものがあってワクワクしている人は幸福度が高いのです。行ったことがない土地に行く、見たことがない風景や町並みを見る、やったことがないことをするなど、新しいことに挑戦すると心がワクワクして、ドーパミンというホルモンが分泌されます。

ドーパミンは報酬ホルモンとも呼ばれ、心地よさや快感をもたらします。一般に、何かを成し遂げたときに分泌されますが、達成したときだけではありません。例えば、旅行の予定を立てているとき、あの名勝をぜひ見てみたい、あの温泉旅館に泊まるのが楽しみだといってイメージをふくらませて、達成を楽しみにしているときにも分泌されます。

目標は立派なものでなくても構いません。行ったことがない近所の町に、はじめて足を踏み入れるというのでもいいでしょう。要は、ワクワクすれば心地よさや快感がもたらされ、幸せを感じることができるのです。

人と会うのもいいでしょう。趣味の会に初めて参加して、はたしてどんな人と出会うのか、ドキドキワクワクしている状態も幸福感につながります。

目標を持つというと、数値目標を連想する人がいるかもしれません。1日1万歩を歩く、漢字検定の2級に合格する、血圧をいくつ以下に抑えるなどというのがその類です。もちろん、数値目標をクリアすること自体に楽しみを感じる人ならいいのですが、あまり数値にこだわりすぎると、年をとって思うような数値が出なくなってきたときに、ガッカリすることが多くなってしまいます。

それよりも、自分が幸せになるような夢や創造活動に、新しく取り組むのがいいと思います。若いうちに数値ばかり追っていた人は、どこかでマインドチェンジが必要でしょう。

年をとってもできる趣味を持つ

趣味を持つことの大切さについて繰り返し述べてきましたが、年をとるとできなくなる趣味もあります。野球やサッカーのようなスポーツを80代になって続けるのはなかなか難しいでしょうし、いくら読書が好きだといっても、目が悪くなると読む気が失せてしまいます。

そうしたときに、いくつも趣味を持っている人は、別の趣味に乗り換えて余生を楽しむことができます。ところが、1つしか趣味を持っていない人は、そうはいきません。その趣味ができなくなると、あとはテレビやラジオを楽しむくらいになってしまいます。

私（前野）は、59歳になって書道を習いはじめました。書道は年をとってもできますので、おすすめの1つだと思います。先生は80代半ばで、弟子には90歳を超える人もいらっしゃいます。座って静かに字を書くだけではなく、立ってスクワットのような姿勢をとり、黒い墨だけでなく色も使って絵のような書をしたためたりもします。スポーツほどではないにしても、筋肉を鍛えることもできます。

書道を習うようになったのは、私のオンライン講座で先生に登場していただいたのがきっかけでした。先生の書を見ていたく感動し、弟子になりたいと思ったのです。昔から習い事は嫌いで、塾にも行ったことがない私だったので、まさかこんなことになるとは思いもしませんでしたが、多くの弟子の方々との交流も楽しく、幸福度は急上昇しています。

習い事といえば、子どもの頃に憧れていたけれども、経済的あるいは時間的な理由でできなかったことに、60代を過ぎてから取り組む人もよくいます。ピアノやバイオリンのような楽器の演奏、絵画などはその代表的なものでしょう。

大切なのは、年をとるにつれて体が動かなくなっていくなかで、どうやって楽しみを見つけていけばよいか、きちんと考えて常に心のアンテナを張っておくことです。「体が動かなくなったら、新しい趣味をはじめればいい」ではなく、体力を使うものから使わないものまで、好奇心のままに興味や関心を広げておくのがよいと思います。

地元でできる趣味もおすすめ

地元でできる趣味なら、地元の人とのつながりも自然とできそうです。

例えば、市民農園で野菜づくりをするのもいいかもしれません。仲間同士で畑を借りて作物をつくっている人がいますが、収穫の時期になると本当に楽しそうです。仲間と力を合わせて育て、収穫したものを分け合うのは、人の結びつきを密にする効果があります。

地元でクラフトビールをつくっているグループも知っています。酒類販売業の免許がないので、要望を聞いてくれる醸造所を見つけてOEM（製造受託）販売をしているのだそうです。実際に製造して小売店に卸しているのはその醸造所なのですが、どのような味や色にして、どんな名前をつけて、どんなラベルにするのかの企画は、地元のグループで決めるといいます。はじまりは数人の知り合いがSNSでやりとりをしていて、その知り合いや、さらにその知り合いなどが集まってメンバーが10人以上になったとか。ラベルのデザイナーも地元で見つかったそうです。

「こんなことがやれればいいなあ」と1人で思っていても、なかなか実現できないものです。しかし、多様な技能や人脈を持つ10人が集まれば、それぞれが情報を持ち寄ることで、たいていのことはできてしまいます。

持ち込みの企画でクラフトビールをつくってくれる醸造所があるなんて、知らない人は考えつきもしないでしょう。しかも、製造販売までしてくれるので、元手は不要ですし、在庫を抱える心配もありません。実は、そうした便利な仕組みというのは、いろいろな分野にあるものです。そうした仕組みをうまく見つけられると、「えっ？　こんなことができるの？」という楽しい夢が実現できるかもしれません。

シニアこそ、オンラインを積極的に活用しよう

地元の人と直接つながるのももちろんいいのですが、オンラインでつながる方法もあり

ます。コロナ禍をきっかけに、中高年の間で評判になったのが、オンラインでの趣味活動です。

例えば、海外の人と日本語で会話をするサービスがありますが、海外旅行ができなかった期間にも交流が続けられると、人気になりました。相手は日本語の勉強をしている外国人なので、こちらは外国語ができなくても、いろいろな国の人と知り合いになれます。高齢者にとっては大きな刺激になって、みなさんいきいきとやりとりをしています。

オンラインというと若者向けのものが多いと思われるかもしれませんが、高齢者向けのオンラインの趣味活動もあります。

私（菅原）はオンラインの趣味活動はシニア層の新たな居場所になるのではないかと見て、シニア向け国内SNS「趣味人倶楽部《しゅみーとくらぶ》」を利用している40歳〜95歳の3721人を対象に、2020年春にアンケート調査をしました（参考文献48）。

その結果、SNS上でもリアル（実生活）でもグループ参加していると答えた人は63・5％にのぼりました。オンラインが新しいつながりをつくる選択肢の1つとして広がる可能性をうかがわせます。

また、高齢者はSNSのなかでもLINEの利用率がかなり高いことに特徴があります。とくに女性が多いのは、子どもや孫とのやりとりに使っているためのようです。

当初は子や孫とのやりとりだけをしていたのですが、趣味のグループや友人たちとリアルでも顔を合わせたときに、LINEグループ参加の方法を教えられ、つながりはじめるというケースをよく見かけます。

いったんつながれば、あとはグループの連絡はスムーズ。さらに写真の共有ができることを知ると、自分からも散歩中に撮った花や景色の写真を送るといった具合に、急に活用が増えていくという経緯をたどるようです。

絵は見るより描く。音楽は聴くより演奏する

高齢者向けの趣味にもいろいろありますが、できれば受け身ではなく、積極的に自分が創造したり参加したりするのもいいと思います。

例えば、絵を見るだけでなく描く、音楽を聴くだけでなく演奏する、俳句を鑑賞するだけでなく自分でもつくるというように、創造的な活動をすることは幸福につながります。

もちろん、同じことは詩にも写真にも生け花にも料理にも当てはまります。

これは、私（前野）がとったアンケート調査でも明らかでした。単に美しいものを数多く鑑賞しているだけの人は、意外にもそれほど幸せではありませんでした。優れた美術展、音楽会、観劇などは、確かに素晴らしい感動を与えてくれますが、思ったほど幸福度には寄与していなかったのです。

それに対して、美しいものを創造している人は、創造する対象が何であれ、高い幸福度を示しました。自身で絵を描いたり、楽器を演奏したりしている人は、大きな幸せを感じていたのです。

自分で絵を描いていれば、他人の絵を鑑賞するときにも、細かい技法や構図などを読み取ることができますし、そこに至る作者の心情も理解できて、深く味わうことができるのでしょう。

そして、創造的な活動をするなら、できれば発表の機会もつくりたいものです。絵画や写真なら公民館で展覧会を開いてもいいですし、音楽なら下手でもいいので、たくさんの人に聴いてもらう場をつくるのがいいと思います。

人に見せれば、お世辞込みであっても、ほめてもらえるので承認欲求が満たされます。人とのつながりがあるほうが幸せですから、幸福度も高まります。

演奏やダンスなどは、発表会に間に合うよう、直前に一生懸命練習をするものです。集中して頑張るので、技術が急速に向上して自信が持てるようになり、やはり幸福感を味わえるのではないでしょうか。仲間との絆《きずな》も強まります。もちろん、技術が上達したところでみんなに聴いてもらえれば、報酬ホルモンのドーパミンがたっぷりと分泌されて、感動的な幸せを感じることができます。

習い事によっては発表会にお金がかかるものもあるでしょうが、ダラダラと練習を続けるよりも、メリハリをつける意味でも思い切って発表会を開いてみてはいかがでしょうか。

得意なことを教え合う

学ぶばかりでなく、人に教えると、さらに幸福度が高まります。教えることには責任が伴いますので、そこには緊張感が生じます。また、教えることによって初めて気づくこともあるものです。そんな状況のなかで、いいたいことがうまく伝わると、高揚感が生まれて幸せに感じることでしょう。

教えるといっても、その道の一流専門家になる必要はありません。例えば、近所の人を集めて得意な手芸を教えるといった、ささやかなことでもいいのです。

料理がおいしいとほめられたことがあれば、料理教室もいいでしょう。レストランに行くと、ただ食べるだけで終わってしまいますが、料理教室なら、教え合いながらつくり、みんなでワイワイいいながら食べるという楽しい時間を過ごすことができます。いい時間の使い方ではないでしょうか。

料理教室はどこの町でも人気があります。最近は、若いときにあまり料理をしてこなかった中高年男性向けの料理教室が人気のようです。行ってみると、とくに有名な料理人や偉い先生が来るわけではなく、高齢者の先輩が教えてくれることが多いので、最初は驚いたりガッカリしたりする人が多いとか。

でも、無料だからまあいいだろうと通っているうちに、「これなら自分も教える側になれるのではないか」と思うようになり、一気にやる気が出てくるのだそうです。

つまり、これはちょっとした仕掛けであって、あえて偉い先生を連れてくるのではなく、誰でも先生になれそうだと思わせるところがミソなのだそうです。高齢男性が生活力をつけようと通ううちに、やがて独学でおもしろいコツを見つけ出したりすると、それをほかの人に教えたくなるといういい循環が生まれます。

若い人の相談に乗る

高齢者と聞くと、「何かをしてもらう側の人」と思っている人が多いかもしれません。しかし、高齢者の1人ひとりには、若い人が及びもつかない人生経験という素晴らしい財産があります。それを聞き出すのは、話し手と聞き手の双方によって幸せなことだと思います。

いい看護師さんや介護士さんは、高齢の患者さんから昔の話を聞き出すのが非常に上手です。そこでいいコミュニケーションが生まれれば、お互いに幸福度が高まることは間違いありません。若い人は高齢者の人生経験に学ぶことがあるでしょうし、高齢者は自分の話を聞いてもらって幸せになって健康が維持できるのです。

時には、看護師さんや介護士さんが高齢者の方に人生相談をすることもあるそうです。

頼りにされていると感じたら、この上ない幸せを感じることでしょう。

生きがいを感じる機会が増えれば、それだけで生きる活力も湧いてきます。若い看護師さんや介護士さんから、「なるほど、いいヒントをありがとうございます。やってみますよ」なんていわれたらうれしくなるでしょう。

高齢者に元気でいてほしいと思ったら、周囲の家族は聞き上手になって昔の話を聞くことが大切です。同じ話を何度も繰り返すかもしれませんが、「前に聞いたよ！」なんて文句をいうのではなく、ニコニコしながら聞くことを楽しむことが大切です。

「自分史」や「自分史アルバム」をつくる

過去を振り返るというと、後ろ向きの非生産的な行為だと受け取られるかもしれません。確かに、前途洋々たる若者が過去のことばかりにとらわれていたら、それはあまり生産的とはいえないでしょう。しかし、すでに豊富な人生経験を経てきた高齢者が過去を振り返るのは、少し意味が違ってきます。それまでの人生を総括する意味で非常に有益だといえます。

現に、回想することは、高齢者にとって脳の活性化に効果的だという研究結果があります。その代表的なものが「回想法」です。

本来の回想法とは、自分の過去を話すことで精神を安定させ、あるいは脳を活性化して認知機能の低下を予防する心理療法のことです。介護施設などで専門家によってグループ単位で行われることが多いのですが、同じようなことを自宅や個人で行うことも可能です。その1つが「自分史づくり」です。

自分史づくりは、いわばセルフ回想法のようなものと考えればよく、自分が今まで来た道を見直すことで心の安定が得られると同時に、先のことを素直に考えられるようになる効用があります。

自分史づくり自体は目新しいものではありませんが、新しい方法として提案したいのは、ポジティブな自分史を心がけることです。

長い人生ですから山あり谷ありで、苦しかったこともあるでしょう。しかし、それをただ苦しかったと書くのでは幸せな気持ちにはなれません。そこで例えば、その苦難に直面して自分がどう成長したか、苦しい状況で誰が助けてくれたのかなど、ポジティブな視点に変換して書いていくと、幸福感が高まるというわけです。

自分史は本の体裁をとる必要はなく、ひとまずパソコンにデータとして保存しておくのもいいでしょう。そうすれば家族に残せますし、機会があれば電子書籍やオンデマンド出版で本の形にすることも可能です。

写真も一緒に見せたければブログにするのもいいかもしれません。もしかすると、通りすがりの人が「いいね！」やコメントをつけてくれるかもしれません。それだけでも幸せな気持ちになるでしょう。

長い文章を書くのは大変だというのであれば、写真を並べて説明をつけるだけでも十分です。いわば「自分史アルバム」であり、そこに「楽しかった」「いいひとときだった」といったようなポジティブなコメントを書き添えるといいと思います。

改めて考えてみると、自分史というのはポジティブな終活かもしれませんね。世の中でいわれている終活には、「実家の片づけをしておかないと大変だ」「相続をしっかりしないと遺産争いになる」といった恐怖をあおるようなイメージがあります。

そうでなくても、70代から80代前半くらいで、まだ死ぬのを想像したくない世代の人たちに、死とその先のことを毎日考えさせようとして終活をあおっているきらいがあります。老年的超越に至れば、死の恐怖が薄れるかもしれませんが、その手前の年代の人にとっては不快な押しつけにも見えます。

しかし、自分史は人生の総括だと考えれば、広い意味での終活の1つではないでしょうか。自分史をつくるという作業を通して、「自分はこのような人生を送ってきたから、私にとってはこれが大事なのだ、そして残された時間をこう生きたい」といった気づきを得られるかもしれません。

「ありがとう」にひと言加える

親子や夫婦の間では、関係が近いだけに言葉づかいがきつくなりがちです。例えば、相手が何かを忘れたことを指摘する場面では、他人なら「私の勘違いだったら申し訳ないのですが、やっておいていただく予定ではありませんでしたっけ？」のように遠慮がちに聞くところですが、家族だと「何でやっておいてくれなかったの？」「忘れていたんでしょう！」とストレートな物言いになってしまいがちです。

そうなると、売り言葉に買い言葉で、「知らないわよ」「そっちこそ何をやってるんだ」とエスカレートしてしまいます。根底には「ストレートにいっても許されるだろう」という甘えがあるのでしょうが、こんなことが積み重なると、家族や夫婦のほころびが生じる恐れもあります。とくに高齢者では、つきあいが長いだけに気遣いを忘れてしまうことが多く、かなり厄介です。

ストレートな物言いをするなら、感謝の気持ちもストレートに表現すればいいのに、逆に素直に出そうとしない人がいます。

何十年も一緒に暮らしている夫婦であっても、何かをしてもらったら「ありがとう」と感謝の気持ちを素直に示しましょう。それが第一段階です。

慣れきった関係だと、「いわなくても伝わっている」と思っている人がいますが、それは間違いです。口にしないと気持ちは伝わりません。近い相手ほど、感謝の言葉を忘れないことが肝要です。

1章では、親子や夫婦のような近い仲でこそ、「感謝10倍」が大切だと述べました。できれば、単なる「ありがとう」ではなくて、もうひと言加えれば完璧です。

例えば、手伝ってもらったら「ありがとう、おかげで助かったわ」、プレゼントをもらったら「さすが、好きなものをわかってくれているね、ありがとう」というように、ひと言添えると気持ちはより豊かに伝わります。

「今さら感謝の言葉なんて気恥ずかしい」なんていわずに、ぜひとも実行してください。お金も時間もかけることなく、絶大な効果を発揮してくれるはずです。

感謝を伝えることで、幸せが循環する

知り合いの税理士の先生は、お客様の紹介で別の新しいお客様が相談にいらっしゃることがよくあるそうです。そのとき、事務所内では紹介者の方を「恩人」と呼ぶ習慣にしていると聞きました。

初めてその話を聞いたときに、なんて素晴らしいことなんだと感動した覚えがあります。紹介者に対して感謝の気持ちを持つことは当然ですが、それをはっきりと言葉で表現することで、気持ちをいつまでも忘れることなく、しかも事務所の全員が共有できます。言葉の力を感じるエピソードです。

言葉の力といえば、私（前野）の妻はレストランでおいしい料理を食べたときに、ウエイターさんに必ず「この料理、おいしかったですよ」とひと言かけるのです。単純に「感謝の気持ちを伝えるのはいいことだな」と思っていたのですが、彼女にいわせるとそれは広い意味での「利他」の行為だというのです。

なぜなら、料理をつくった人がその言葉を聞けば、うれしい気持ちになって幸せになるだろうというわけです。実際にそうした言葉をかけると、あとでシェフが出てきて「ありがとうございました」といってくれたりします。そこで「あの料理の味付けは絶妙でしたね」などと具体的な話をすれば、お互いに会話のやりとりが生まれて、私たちのほうも幸せな気分になってきます。感謝の連鎖です。

さらには、店のカードや名刺をもらうことで、「また来てくださいね」となります。先方にすればお得意さんが増えるわけですし、私たちにとってみれば次に行ったときにいいサービスを受けたりと、ゆるいつながりができて、お互いに幸福度がアップするわけです。

食事なんて自分の食欲を満たすための行為であって、利己そのものだと思うかもしれませんが、実はそこから人とのつながりが芽生えることを考えれば、感謝からはじまる利他の側面もあるのだと、目から鱗が落ちる思いでした。

身近にある小さな1つひとつの行為に小さな利他を込めることで幸せな気持ちになり、さらにはあとで思い出して楽しむことにもつながります。

1日の終わりに、「その日感謝したいこと」を探す

感謝を示すことは「ありがとう因子」そのものであり、幸福学における大きなキーワードの1つです。日々、私たちは感謝することに山ほどめぐり合います。

そこで、おすすめなのは「感謝日記」です。その日に出合った感謝すべき出来事を書き留める日記のことです。私（前野）の友人で、これを何年間も続けている女性がいました。電車で席を譲ってもらった、スーパーでレジの人から親切なひと言をもらったというような、些細なことでいいのです。彼女は1日に3つ書くといっていましたが、もちろん2つでも1つでも構いません。

心理学では、感謝日記を書くと幸福度が上がるという研究結果があります。おそらく、数カ月も続ければ間違いなく大きな効果が出てくるでしょう。私もやってみましたが、1

週間でもそれなりに効果があります。

感謝日記の本当の意義は、「感謝したい」という気持ちを常に心の隅におくことであり、感謝すべき出来事を探しはじめることにあると思います。1日の終わりには、「今日は何かいいことあったかな」「そうだ、あれはよかったな」「あんな心遣いをしてもらったっけ」という気づきが生まれてくることでしょう。

私が感謝日記を書いたときに気づいたのは、感謝を続けているうちに「感謝への感度」が上がったことでした。「ああ、これも感謝に値することだ。これもぜひ書いておきたい」と、日常生活のなかでいいところに目が行くようになるのです。

感謝を重ねていると、「そうだ、考えてみれば、今、生きているだけで感謝ではないか」と思うようになります。あらゆる物事への感謝の気持ちが湧いてきます。劇的に心持ちが変わるので、ぜひ一度体験してみてください。

普段から日記を書いている人のなかには、日記を腹立ちやイライラのはけ口にしている人もいるようです。それはそれでストレス発散として一定の効果はあると思います。しかし可能なら、ストレス発散がすんだら、最後に何かへの感謝を書いて終わらせたいものです。

むしゃくしゃした気持ちを発散して終わりにするのではなく、最後には「そうはいってもいい日だったな」という感謝で終わったほうが、はるかに幸せな1日になるでしょう。

悩みから離れる「マインドフルネス」のすすめ

お金のこと、健康のこと、人間関係のことなど、高齢者の悩みは尽きません。幸せに生きるためには、そうした悩みから解放されたいものです。もちろん、悩みの原因自体を取り除ければいいのですが、それは難しいこともあります。それなら、自分自身の心の持ちようを変えてみればいいのです。頭の中をクリアにして、その悩みから離れることができれば幸せになれます。

そんな方法の1つが瞑想です。瞑想というとハードルが高いように思われますが、最近では一般の人でも瞑想に近いことができるものとして、マインドフルネスという言葉がよく使われます。

マインドフルネスは、自らの五感に集中したりすることで、ほかの悩みから距離を置くのが基本です。似たものに座禅があります。まずは呼吸に意識を向けて雑念を取り払おうというのが、マインドフルネスの入口です。とはいえ、容易ではありません。そこで考え出されたのが、マインドフル・イーティングです。いってみれば食べながら行うマインドフルネスです。

もともとは過食を抑えるための心理学療法にもなっていますが、一般の人にとっても食事に集中する（マインドフルになる）ことで心を落ち着かせ、豊かな感受性を磨く効果が期待できます。

出された料理を眺め、味や香り、噛み応えに集中しながら時間をかけて食べることが基本です。座禅やマインドフルネスと違って、集中する対象が具体的なものなので、誰でも取り組みやすいのがメリットです。普段でも、本当においしい料理が出てくると、誰もが食べることに夢中になって会話も忘れるでしょう。

1人でやるのでも、友人や家族とやるのでも構いません。現役時代には早食いが特技だったという人もいるかもしれませんが、退職すれば仕事に追い立てられることもありません。じっくり味わって食事に集中して、豊かな心を養いましょう。

怒りやわだかまりを手放し、心の荷物を降ろす

大乗仏教の基本の1つに、「慈悲の瞑想」というものがあります。世の中のすべての生きとし生けるものの幸せを願いながら心を整える瞑想です。

最初に願うのは、自分が幸せでありますように、周りの人が幸せでありますようにということですが、その次が難しい。自分の苦手な人、嫌いな人も幸せでありますようにと願うのです。

はたして、そんなことができるのでしょうか。

長く生きていると、嫌なこともいろいろ経験するものです。「あいつは嫌なやつだった」「今でも許せない」という人が、誰にも1人や2人はいるかもしれません。

しかし、時間がたてば相手も変わりますし、自分も変わります。知人の敗者復活戦をしてみてはいかがでしょうか。もしかすると、以前は馬が合わなかったけれども、久しぶりに話をしたらいいやつだったということはよくあるものです。

ひどい裏切りをされたような相手は別ですが、嫌いな人がいることを抱えながら生きる

のは、幸せではありません。

実は、私（前野）にも、腹立たしいことがあって許せない人がいました。

私がロボットの研究者だった時代、心について書いた本を、ある大手企業の事業部長の方に謹呈したことがあります。しばらくして1通の手紙が届きました。その内容を読むと、要するに「お前の考えは間違っている」というもので、ひどく罵倒されたように感じて、こんなやつとは一生会いたくないと思ったのです。

ところが、それから20年ほどたって、幸せな会社をつくるという趣旨の集まりでたまたま会う機会ができたのです。すでに私は当時の専門から離れており、その方も企業を退職していました。

その後、その方と共著の本を出すことになり、当時の話をしてみました。すると、こんな答えが返ってきました。

「あれ、そんなことあったかな。あの頃は、社長とけんかしていてひどく苛立っていたから、前野さんにも当たったんだね」

なんと、私は不倶戴天《ふぐたいてん》の敵だとさえ思っていたこともあったのに、先方はまったく覚えていなかったのです。これには拍子抜けしましたが、おかげで重かった肩の荷がスッと下りたような気がしました。今では幸せな経営についての集まりである、ホワイト企業大賞企画委員会で、懇意にさせていただいています。

恨みや嫌いという感情ほど厄介なものはありません。忘れたつもりでも、ひょんなことで頭の隅から飛び出してきて、重苦しく不幸な気分に陥ります。そんな感情を手放すことができれば、これほど楽なことはありません。おかげさまで、私は大きな重荷を1つ下ろして幸せな気分になれました。

それまで許せなかった人を許せるようになり、怒りやわだかまりを手放していけることが、年を重ねても幸せな人の共通点だと思います。そして、怒りやわだかまりを捨てた先に、幸せな人生のゴールが待っているのです。

それを信じて、歩んでいこうではありませんか。

spaces and positive mental health-investigating the relationship between access, quantity and types of parks and mental wellbeing. Health & Place, 48, 63-71.
45 Bustamante,G., Guzman, V., Kobayashi, LC., & Finlay,J. (2022). Mental health and well-being in times of COVID-19: A mixed-methods study of the role of neighborhood parks, outdoor spaces, and nature among US older adults. Health & Place, 76, 102813.
46 安藤孝敏 (2008). ペットとの情緒的交流が高齢者の精神的健康に及ぼす影響. 横浜国立大学教育人間科学部紀要III. 社会科学. 10, 1-10.
47 谷口優 (2023). ペットとの共生が人と社会にもたらす効果. 東京都健康長寿医療センター研究所研究トピックス. 〈 https://www.tmghig.jp/research/topics/202304-14828/〉
48 菅原育子・村山洋史. (2021). 中高年者におけるSNSを通したソーシャルサポートの受領期待とその関連要因：SNS上の交流と対面交流との比較から. 老年社会科学, 43(2), 177.

32 Dunn, EW., Aknin, LB., & Norton, MI. (2014). Prosocial spending and happiness: Using money to benefit others pays off. Current Directions in Psychological Science, 23(1), 41–47.
33 東京都健康長寿医療センター研究所・東京大学高齢社会総合研究所・ミシガン大学(2019). 中高年者の健康と生活 No.5—「長寿社会における暮らし方の調査」2017年調査の結果報告.〈 https://www2.tmig.or.jp/jahead/dl/pamphlet05.pdf〉
34 PwC「全国熱狂実態・幸福度調査2021」〈 https://www.pwc.com/jp/ja/knowledge/thoughtleadership/well-being-report2021.html〉

【3章】

35 リクルートマネジメントソリューションズ(2021)「ポストオフ・トランジションの促進要因—50～64歳のポストオフ経験者766名への実態調査」〈 https://www.recruit-ms.co.jp/issue/inquiry_report/0000000973/?theme=career〉
36 内閣府幸福度に関する研究会 (2011)「幸福度に関する研究会報告(案) — 幸福度指標試案 —」〈 https://www5.cao.go.jp/keizai2/koufukudo/shiryou/4shiryou/2.pdf〉

【4章】

37 Hill, PL., & Roberts, BW. (2016). Personality and Health: Reviewing recent research and setting a directive for the future. In Shaie, KW & Willis, SL. (Eds.) Handbook of the Psychology of Aging. Pp.205-218. Academic Press.
38 Bruehl, S., Carlson, CR., & McCubbin, JA. (1993). Two brief interventions for acute pain. Pain, 54(1), 29–36.
39 厚生労働科学研究健康寿命のページ〈 http://toukei.umin.jp/kenkoujyumyou/〉
40 菅原育子・二瓶美里 (2020). 超高齢者研究から見えてきたもの1)地域に暮らす90歳以上の暮らしの実態調査から. 老年内科, 1(3), 369-378.
41 Nakamura, JS., Hong, JH., Smith, J., et al. (2022). Associations between satisfaction with aging and health and well-being outcomes among older US adults. JAMA Network Open, 5(2):e2147797.
42 Veenstra, M., Daatland, S., & Aartsen, M. (2021). The role of subjective age in sustaining wellbeing and health in the second half of life. Ageing & Society, 41(11), 2446-2466.

【5章】

43 Kanamori S., Kai Y., Kondo, K., et al. (2012). Participation in sports organizations and the prevention of functional disability in older Japanese: The AGES cohort study. PLOS ONE, 7(11): e51061.
44 Wood, L., Hooper, P., Foster, S., & Bull, F. (2017). Public green

16 内閣府「男女共同参画白書　平成26年度版」〈https://www.gender.go.jp/about_danjo/whitepaper/h26/zentai/index.html〉
17 Cohen, S., Doyle, WJ., Skoner, DP., Rabin, BS., & Gwaltney, JM.(1997). Social ties and susceptibility to the common cold. JAMA. 277(24), 1940–1944.
18 前野隆司・神奈川県寒川町「寒川町総合計画2040・幸福度アンケートの結果について」.〈https://www.town.samukawa.kanagawa.jp/material/files/group/35/kouhukudoankeito.pdf〉
19 菅原育子・高山緑・石岡良子ら(2018). 後期高齢者の近隣関係の変化とその関連要因:K2 studyにおける20カ月後の変化. 日本心理学会第82回大会(3AM-010).
20 Issue+design「地域しあわせラボ」〈https://archive.issueplusdesign.jp/project/local-happiness/〉
21 OECD 'How's Life? 2020: Measuring Well-being'.〈https://www.oecd.org/publications/how-s-life-23089679.htm〉
22 株式会社リサーチ・アンド・ディベロップメント(2017).「単身世帯の生活・意識態度に関する調査」プレスリリース〈 https://www.atpress.ne.jp/releases/142558/att_142558_1.pdf 〉
23 Grover, S., & Helliwell, JF. (2014). How's life at home? New evidence on marriage and the set point for happiness. National Bureau of Economic Research Working Paper 20794.
24 厚生労働省「令和4年度　離婚に関する統計の概況」〈https://www.mhlw.go.jp/toukei/saikin/hw/jinkou/tokusyu/rikon22/index.html〉
25 Sato, K. (2017) The rising gray divorce in Japan: Who will experience the middle-aged divorce? Does the middle-aged divorce have negative effect on the mental health? Presented at International Population Conference of the International Union for the Scientific Study of Population.
26 Shor E., Roelfs, DJ., Curreli, M., Clemow, L., Burg, MM., & Schwartz, JE. (2012) Widowhood and mortality: A meta-analysis and meta-regression. Demography, 49(2), 575-606.
27 内閣府「平成26年度一人暮らし高齢者に関する意識調査結果」〈 https://www8.cao.go.jp/kourei/ishiki/h26/kenkyu/zentai/index.html 〉

【2章】

28 Kahneman, D., Krueger, AB., Schkade, D., Schwarz, N., & Stone, AA. (2006) Would you be happier if you were richer? A focusing illusion. Science, Vol.312, No.5782, 1908-1910.
29 内閣府「平成29年度　高齢者の健康に関する調査結果」〈https://www8.cao.go.jp/kourei/ishiki/h29/zentai/index.html〉
30 パーソル総合研究所×前野隆司研究室「はたらく人の幸福学プロジェクト」〈https://rc.persol-group.co.jp/thinktank/spe/well-being/〉
31 Dunn, EW., Aknin, LB., & Norton, MI. (2008). Spending money on others promotes happiness. Science, Vol.319, No.5870, 1687-1688.

参考文献

【序章】

1 Anonymous. (2010, December18). The U-bent of life:Why, beyond middle age, people get happier as they get older. The Economist. 〈www.economist.com/node/17722567〉

2 Stone, AA, Schwartz, JE, Broderick JE, & Deaton A. (2010). A snapshot of the age distribution of psychological well-being in the United States. PNAS, vol.107, no.22, 9985-9990.

3 Tornstam, L. (2005). Gerotranscendence: A developmental theory of positive aging. Springer.

4 Fray, BS. (2011). Happy people live longer. Science, Vol331, Issue6017, 542-543.

5 Danner, DD, Snowdon, DA, & Friesen, WV. (2001). Positive Emotions in Early Life and Longevity: Findings from the Nun Study. Journal of Personality and Social Psychology, 80, 804-813.

6 岩佐一, 河合千恵子, 権藤恭之, 稲垣宏樹, 鈴木隆雄. (2005). 都市部在宅中高年者における7年間の生命予後に及ぼす主観的幸福感の影響. 日本老年医学会雑誌, 42(6), 677-83.

7 El-baba, M. & Jamnik, J. (2020) Personality and mortality. In Zeighler-Hill, V. & Shackelford, TK.(Eds.) Encyclopedia of Personality and Individual Differences, pp.3655-3662, Springer.

8 Rozanski, A., Bavashi, C., Lubzansky, LD., & Cohen, R. (2019) Association of optimism with cardiovascular events and all-cause mortality: A systematic review and meta-analysis. JAMA Network Open, 2(9):e1912200.

9 Carstensen, LL., Shavit, YZ., & Barnes, JT. (2020) Age advantages in emotional experience persist even under threat from the COVID-19 pandemic. Psychological Science, 31(11), 1374-1385.

10 Birditt, KS., Turkelson, A., Fingerman, KL., Polenick, CA., & Oya, A. (2021) Age differences in stress, life changes, and social ties during the COVID-19 Pandemic: Implications for psychological well-being. Gerontologist, 61(2), 205-216.

11 前野隆司・前野マドカ『ウェルビーイング』日本経済新聞出版(2022年)

12 前野隆司『幸せのメカニズム』講談社(2013年)

13 Carstensen, LL., Isaacowitz, DM., & Charles, ST. (1999). Taking time seriously: A theory of socioemotional selectivity. American Psychologist, 54(3), 165-181.

【1章】

14 World Value Survey 〈 https://www.worldvaluessurvey.org/wvs.jsp 〉

15 European Values Study 〈 https://europeanvaluesstudy.eu/ 〉

青春新書
INTELLIGENCE

こころ涌き立つ「知」の冒険

いまを生きる

〝青春新書〟は昭和三一年に――若い日に常にあなたの心の友として、その糧となり実になる多様な知恵が、生きる指標として勇気と力になり、すぐに役立つ――をモットーに創刊された。

そして昭和三八年、新しい時代の気運の中で、新書〝プレイブックス〟にその役目のバトンを渡した。「人生を自由自在に活動《プレイ》する」のキャッチコピーのもと――すべてのうっ積を吹きとばし、自由闊達な活動力を培養し、勇気と自信を生み出す最も楽しいシリーズ――となった。

いまや、私たちはバブル経済崩壊後の混沌とした価値観のただ中にいる。その価値観は常に未曾有の変貌を見せ、社会は少子高齢化し、地球規模の環境問題等は解決の兆しを見せない。私たちはあらゆる不安と懐疑に対峙している。

本シリーズ〝青春新書インテリジェンス〟はまさに、この時代の欲求によってプレイブックスから分化・刊行された。それは即ち、「心の中に自らの青春の輝きを失わない旺盛な知力、活力への欲求」に他ならない。応えるべきキャッチコピーは「こころ涌き立つ〝知〟の冒険」である。

予測のつかない時代にあって、一人ひとりの足元を照らし出すシリーズでありたいと願う。青春出版社は本年創業五〇周年を迎えた。これはひとえに長年に亘る多くの読者の熱いご支持の賜物である。社員一同深く感謝し、より一層世の中に希望と勇気の明るい光を放つ書籍を出版すべく、鋭意志すものである。

平成一七年

刊行者　小澤源太郎

著者紹介

前野隆司〈まえの たかし〉

慶應義塾大学大学院システムデザイン・マネジメント研究科（SDM）教授。1984年東京工業大学卒業、86年東京工業大学修士課程修了。キヤノン株式会社入社、カリフォルニア大学バークレー校客員研究員、慶應義塾大学理工学部教授、ハーバード大学客員教授等を経て、2008年より現職。2017年より慶應義塾大学ウェルビーイングリサーチセンター長兼任。著書に『幸せのメカニズム』（講談社）、『ウェルビーイング』（共著、日本経済新聞出版）などがある。

菅原育子〈すがわら いくこ〉

西武文理大学サービス経営学部・准教授。東京大学未来ビジョン研究センター客員研究員。1999年東京大学文学部卒業、2005年同大学大学院博士課程修了。東京大学社会科学研究所助教、東京大学高齢社会総合研究機構特任講師を経て2021年より現職。専門は社会心理学、社会老年学。『東大がつくった高齢社会の教科書』（東京大学高齢社会総合研究機構）でも執筆を担当している。

「老年幸福学《ろうねんこうふくがく》」研究《けんきゅう》が教《おし》える

60歳《さい》から幸《しあわ》せが続《つづ》く人《ひと》の共通点《きょうつうてん》　青春新書 INTELLIGENCE

2023年8月15日　第1刷

著者　前《まえ》野《の》隆《たか》司《し》
　　　菅《すが》原《わら》育《いく》子《こ》

発行者　小澤源太郎

責任編集　株式会社プライム涌光

電話　編集部　03(3203)2850

発行所　東京都新宿区若松町12番1号 〒162-0056　株式会社青春出版社

電話　営業部　03(3207)1916　振替番号　00190-7-98602

印刷・中央精版印刷　製本・ナショナル製本

ISBN978-4-413-04677-0